提升你的幸福力

韦艳宜
翁 萍
景红红
等/著

電子工業出版社
Publishing House of Electronics Industry
北京·BEIJING

推荐语

1.“追求幸福是人的一项基本目标。幸福和福祉是全世界人类生活中的普世目标和愿望。”——联合国大会在2012年确立“国际幸福日”的决议中如此界定幸福的意义。一个有趣的巧合是，“三八妇女节”是最接近3月20日的“国际幸福日”的国际节庆日之一。这可能在冥冥之中告诉世界，女性本身的幸福和女性对幸福的追求是“幸福世界”的主要愿景和终极保障。婉约、羞涩或幽怨是很多人对女性团体作品的刻板印象，但在本书中，21位女性细腻、优美而洒脱的文字，不乏拼搏“大幸福”的惊涛骇浪与家国情怀。掩卷不禁长思：古往今来，多少女性无声的付出支撑起了历史中的欢欣和江山里的壮美！

——梁晓晖博士，联合国可持续发展目标先锋人物（Dr. Liang Xiaohui – Sustainable Development Goals Pioneer of the United Nations，唯一获此殊荣的中国人）

2.在追寻幸福的路上，女性变得更加主动，也越发知性、美丽，开始让人仰视。21位职场女人的故事，也许可以拨动你内心的琴弦，带给你内心的渴望，成为指点你人生方向的参考。这是一本有干货的心灵鸡汤，无论男人或是女人，我建议：喝下它。

——民众体检连锁集团总裁 杜海

3.“把一件事做到极致，你就会看到脱胎换骨的自己”，在“幸福合伙人”景红红身上，我们就看到了这种坚持的力量。在追求幸福的道路上，我们需要结伴而行，一起到达彼岸。

——小溪会创始人 鲁锡章

4.幸福是一种感觉，是每个女性一生追求的目标，世上女性无不梦想着拥有美好的婚姻、和睦的家庭、成功的事业，但追寻幸福的路途中，你难免会迷失方向。这本幸福指南对有追求的女性而言，是个不错的选择，帮你找准人生定位，塑造女性阳光心态，教会女性为智慧投资，平衡婚姻和事业的天秤，最终让你成为“幸福合伙人”中的一员。

——木鸟短租创始人&CEO 黄越

5.在这个浮躁又匆忙的社会里，难得静下心来去聆听这些女人的声音，通过另外一个视角去感受生活和幸福的定义，当这21位女性把她们的人生经验和感悟还有满是幸福感的心情摊在你的面前时，你值得花点时间读一读，也许你会发现不一样的自己。

—— 一地一味创始人&CEO 刘勇

6.近些年创投市场也活跃着一大批优秀的女性创业者，她们勇于追求事业、财富和成功。我们在为她们商场上巾帼不让须眉的气势和杰出表现所感动的同时，也希望她们可以拥有更好的生活，这恰恰也是本书的亮点所在。希望更多的女性职场人可以阅读到这本书，从中汲取营养，让生活更加精彩！

—— 智库资本CEO 马珏

7.无论担任什么社会角色，从事什么职业，只要把良知上的真善美落到一言一行中，将获益匪浅。不得不承认，女性的幸福力更强，她们用实际行动告诉你：幸福力也是可以被分享、践行和传承的。推荐你读这本书，将每一天都过成“小确幸”。

—— 首影传媒董事长 柯丁图

8.幸福没有榜样，每个人都有各自的追求和快感。我们读它，也并非要学它，更不想喝什么鸡汤，只想抱着八卦的心态去看看别人家的生活长啥样。

—— 橙汁影业创始人&个人投资人 黄博文

9.一群常以普通女性自谓的女强人，做出了非同一般的成绩并且以书分享，强人不易，女强人更是时代之稀缺，她们具备这个时代女性创业者所有标签式的特质，坚韧、细腻、情怀、智慧以及格局，同时兼顾家庭、爱好、子女教育且深谙平衡之道。这是本绝不容错过的清晨读物。最后，在台上高呼“女创业者不投”的那位，您一定是没有读过这本书。要不，我送您？

—— 寻拍董事&COO 李鸿达

10.认识茉莉是因为工作上的合作，彼此共同的交流气场很容易就转换成了朋友；进而因为都对旅行有着足够的热爱，自然而然地成为无二之旅的老客户。一直非常佩服茉莉对人的真诚和对生活的热情，看着她运营的茉莉家族一点点壮大，尝试与挑战着越来越多的可能性。这样真诚的社群真是特别可爱，也值得所有幸福的围绕，一起分享更多温暖的故事。

—— 无二之旅联合创始人 蔡韵

11.幸福，其实就依偎在我们每个人的身边，只是有时候我们生活得太过匆忙，来不及去细细感受，在这里，有一份属于你的幸福已经送达，等待你的开启。

—— 房美汇CEO 马跃

12.内心有温度，才能温暖身边的人。这些美丽、自强、安静且有力量的女子，用温暖的气质和善良的内心来面对世界，活出了真实的自我。愿她们的幸福感染更多的人，照亮更多美好的家庭。

—— NPLUS Digital恩普勒斯数字营销咨询CEO 韩笑

13.打开感知幸福的大门，幸福的生命就从你选择幸福开始；你给予这个世界最大的帮助即让你成为一个幸福的存在；幸福是一份觉醒中的选择，有爱的地方即是对幸福的邀请，茉莉家族成员邀约你将新幸福进行到底。

—— 鞋生活创始人 郭平益

14.现今的社会，女性不再局限于家庭，而是更多地追逐自己在社会中的地位与贡献！这本书讲述了21位优秀的女性对这个世界的眼界与视角。本书适合那些追求美好生活的人们，让我们打开这本书，开启对世界新的认知。

——滴滴出行运营总监 董小榕

15.用心去感知生命的本色，把生活活出幸福的模样。

—— 中国户外圈影响力KOL 野战的天涯

16.现代女性自信而独立，这些都可以通过自身奋斗获得，唯有幸福不可强求，只能用心去感知。幸福是什么？对现代女性而言，怎样才能获得幸福？且听21位美女“幸福合伙人”娓娓道来。

—— 沸鲸科技创始人&CEO 钟瑞娟

17.幸福是一种体验，是一种感悟，更是一种生活态度，很多时候，简单就是一种幸福。创新是幸福，创造是幸福！为爱践行，创造幸福生活！

——衣信互联网（汝蜜智能内衣）创始人&CEO 吴虹萱

18.作为一名母亲、女儿、妻子和创业者，我深知“幸福感”的重要性。感受幸福、给予幸福、创造幸福，这才是一位女性最需要掌握的“能力”。幸福合伙人，让我们看到了一群这样的女性，也让我们学会如何获得这种能力。

——悦途旅行创始人&CEO 潘隽

19.很喜欢“幸福合伙人”这个女性创意。夏欢作为幸福合伙人之一，参与这本书的出版真的是太合适不过了。因为在我的眼里，欢欢就是幸福女人的模样。

在当今的社会观念中，很多人可能会认为女人的幸福就是嫁给一个有钱的老公，衣食无忧。但那很难叫做“幸福”，顶多是个“稳定”。真正幸福的女人，是能够把爱心与睿智带给家里每一个人，把家庭经营得井井有条，全家老小其乐融融，并能一起去发现和体会生活和世界的美好。懂得如何为他人创造幸福的人，才会享受到真正的幸福。

——紫葩国际文化传媒有限公司董事长 董征Jean

20.曾经觉得“幸福”这个词很重，要走到人生尽头才能确认。但其实，幸福也可以很近，每天每时每刻开心的瞬间，就是幸福本来的模样。打开这本书，看看21位女性用细腻的笔触描绘的人生画卷，有没有你的曾经?

——紫马财行投资管理有限公司合伙人、品牌副总裁 郎敏

21.献给犹如无敌铁金刚的你，幸福最致命的武器叫做“妈妈，我爱你”！不信？可以测试一下，一句“妈妈，我爱你”绝对马上让女强人们幸福感爆棚！

——美国常青藤名校策略规划顾问、“耶鲁妈妈”JuliaChen

22.我在27岁那年非常感慨，从学生走向工作岗位，从单身到承担家庭责任，从空谈误国到一步一个脚印做公司。每一个转变都是一次厚积薄发的挑战，虽然一路很辛苦，但绝对没有气馁过，因为我知道等待我的是更大的野心。而现在因为这份野心聚来的公司团队、

家人的支持，就是我所理解的“幸福”。

—— 禾赛科技创始人&CEO 李一帆

23.手工的能力每一个人与生俱来，小小的手工，在儿时带给我们的幸福感是那么不可思议。渐渐我们长大，开始走在别人的轨迹上，变成了一个使用者，一个操作者。不妨找个时间静下心来捏捏泥巴，玩玩黏土，找回失去多年的创作能力，也许，会很幸福。

—— 宇宙黏土总盟主，著有《七号人的黏土世界》系列，卡通黏土艺术家7号人

24.关于“幸福”的定义，从来见仁见智。尤其对于女性，几乎是一生的事业！但是幸福的标准究竟是什么？幸福的定义又如何？这本书集结了21位现代女性，娓娓道出她们内心对幸福的感受，细细渗透她们对幸福的理解！无论梦想、事业、家庭、友谊、亲情、爱情……各个角度，共同指向她们感受到的“幸福”，这点非常吸引和打动我！要有怎样一种细腻美好的内心，才有如此美文！

—— 知名编剧 吕红，代表作：电视剧《火烧阿房宫》《阮玲玉》《我们的快乐人生》等

25.幸福是一个旅程，而不是一个终点。

—— 爱茉莉太平洋集团兰芝品牌地区经理 毕曦木

26.幸福，可能有一辈子，可能只有一个月，也可能是一过即逝的瞬间。而幸福力会让仅是一个月，或一过即逝的瞬间变成一辈子，这就是阅读的力量。

—— 粉红丝带关爱基金主任、粉红丝带关爱中国行计划总策划 李苏

27.有料又有趣地记录了21位职场女人的故事。一个女人，一种美好！一个女人，一种风姿！她们既寻常又非比寻常，魅力与素养齐飞，惊艳与力量共一色。这是一本值得大家反复阅读的好书！

——— 泰国21世纪干细胞生物治疗中心 郑钱儿

28.我们这个时代，越来越多的幸福是被晒出来的，然而——你有没有获取或创造幸福的能力才是最重要的。真正的幸福是源自本心而自然散发的，这决定了你的魅力值，也塑造了当下和未来的你。本书里的各位女神用自己的生命在教你如何用正确的姿势活出幸福的模

样，希望幸福属于所有人！

—— 巴歌出行创始人 孙杨

29. 如何营造幸福？如何提升幸福？这一直是一个引人思考与实践的话题。本书精选的21篇文章，出自一群职场与生活均很出色的职业女性之手。她们的幸福观，是知行合一的，是生动可掬的。

—— 三辰影库音像出版社社长 刘亚洲

30. 幸福的女人是相似的——美丽的妆容，善良的心地，还有“幸福的模样”。21篇精彩文字，21个职场女人的故事，令人期待，值得分享。有故事的女人，才是最有魅力的女人，正如席勒所说：“魅力是女人的力量，正如力量是男人的魅力。”

—— 现代管理大学文化与传媒学院院长 张联

31. 平实、亲切、深入、精准又细致生动的文字，帮助你让亲子关系变得更加温馨。被“亲子”之间的隔阂与冲突所困扰的女人，我想你需要弭平两代人的代沟，需要这样一本生活指南。

在别人的故事里体会21种不同的人生境地，可能在这里你也可以找到“你”自己。

—— 最美未来（北京）体育发展有限公司创始人董事长 马春美

32. 这本书非常精彩，讲述了21位现代职业女性的故事，向我们展示了她们如何平衡个人生活和职业生活，如何成为一个周到的母亲、有爱的妻子、有责任心的女儿。她们成为成功职场女性的同时，仍是谦逊的人。这本书告诉我们，只要认真工作、用心生活，一切都可以实现。我想每位读者都会从中受益良多！

—— 西班牙赛速科技发展有限公司 郑佳成（Shahnawaz Hussein Khan）

33. 茉莉家族的21位充满正能量的女神，她们既是职场女人，也是幸福合伙人，她们将最精彩的人生和心得分享给大家，这是她们新的里程，新的升华！让我们一起来聆听她们的故事。我深信她们的未来会更加精彩，我期待着见证！

—— 环球旅行者 @飘尘Marco

34.每个女孩都是一颗宝石，只要肯花时间悉心呵护，幸福就会如钻石的闪烁、翡翠的滋润一样每天呈现在人前。带上她，美在自己，却羡煞旁人。

——吉尔德宝石实验室总监、香港宝石研究中心院长、FGA英国宝石协会院士 吴飞洋博士

35.每个人都拥有幸福，但却不一定拥有发现幸福的能力。21位幸福合伙人用她们的幸福力告诉我们惜福才能有福，你惜福了吗?

——和伊母婴品牌创始人 涂隽吟

36.幸福就是充满无限好奇。以不安分的心去探索这世界，发现生活也可以随性、热情且有力量。愿我们慢慢学会战胜生活的平淡，成为生活的好奇主人。

——恒银宝泰创始人 雷霆

37.我一直对“缘在”一词甚为动容：情感释放想象，想象成就创造。幸福就在我们自身的存在之中，经由不断的创造而涌现。我与书中作者相识多年，这本书正是她们的际遇与生活的“幸福写照与真实再现”。书写人生，心证菩提。

——云境智能创始人 郭奇

38.传说有失传的武功，传说有失传的秘方，传说有失传的天书，传说有失传的珍宝……美好的神奇的为什么失传了？人类最难传递的是幸福，幸福若能分享，是神圣的事情，是神的事业。感谢21位精心传递幸福的使者，让bling bling的神光耀眼。

——大雅传奇文化创意集团总架构师，传奇电竞创始人，EE SaaS 平台首席运营官，曾获2015-2016年度红点奖 linda peng 彭兰英

推荐序

幸福合伙人下的“蛋”

幸福是一个全球性的议题，以至于联合国每年都要发布一次“全球幸福指数”报告。报告选择九个方面来衡量一个国家的幸福感，包括：教育、健康、环境、管理、时间、文化多样性和包容性、社区活力、内心幸福感、生活水平。参加调查的人被要求想象一个阶梯，最好的生活是10，最坏的生活是0，然后参照自己的生活现状从0到10 进行评分。结论是经济最发达的国家未必最幸福，环境污染越严重的国家，排名越低。故幸福指数面世以来，名列前茅的基本都是丹麦、瑞士、挪威这些中小国家。

我去过亚洲幸福指数排名第一的不丹，那里经济欠发达，但生态环境好，人们看上去都很单纯、自在、安静。这个人口只有70多万的小国能成为世界幸福指数排名靠前的国家之一，应该是与其国民的生活状态与幸福指数设定的价值尺度高度契合有关。

提到幸福，人们脑海里自然会浮现出各种标签、符号和场景。如果去追问：“什么是幸福？”并像剥竹笋一样去探寻幸福的核心意义，就会陷入竹笋定律，剥到最后得到的却是一个空。幸福当然不是一场空，人们经常谈论的人权就是由生命权、自由权和追求幸福的权利构成的。翻阅《提升你的幸福力》，面对心灵提升、生活美学、轻奢之旅、美食达人、欢乐自驾这些词汇，幸福更像是一次值得期待的旅程，一个充满美好体验的场景，一份对善念的坚守和对生活美学的升华。

本书的作者将自己定义为“幸福合伙人”，她们都来自于一个由职业女性组成的“茉莉家族”社群。茉莉家族社群发起了一个“幸福合伙人计划”，力求将学习分享、创新创业和幸福生活打通。如果用简单的一句话解读幸福合伙人，那就是一群价值观相同的职业女性以合伙人的制度去践行幸福事业。

践行需要一个与全球幸福指标契合的目标，诸如提升健康、教育、环境、社区、文化水准等；需要一个与能力和资源相匹配的路径，比如建立幸福社群、举办幸福论坛、组建幸福公司、发起幸福基金等；需要提供一系列与幸福感相关的体验性产品，比如幸福咖啡馆；更需要创造一个高识别度的品牌，比如由“幸福合伙人”出版的这本《提升你的幸福力》。

2015年11月我在北京Mini Maker Faire论坛上提出了“下一代品牌”的概念：个人品牌社群化、社群品牌产品化、产品品牌平台化、平台品牌生态化。并指出“下一代品牌”创建者具有这样的特征：基于互联网开放共享的精神、个人的价值取向及兴趣偏好，对全球文化资源进行重新想象、再创造，通过将创意设计产品化、品牌化，重构文化消费体验。

本书是茉莉家族社群的21位幸福合伙人以众筹众包的方式出版的，21篇作品承载着21位职业女性与幸福有关的DNA，具有鲜明的“个人品牌社群化、社群品牌产品化”的“下一代品牌”特征，我们在此可以把本书的出版视为中国新一代职业女性创造“下一代品牌”的新起点。

祝幸福合伙人梦想成真！

杨曦沦

国信资产研究院院长、品牌资产管理专家、“下一代品牌”倡导者

2017年1月28日写于珠海美丽湾

序一

One moment,One life

2016年5月22日，我向全天下吹了一个牛：在一个月内出一本书。赶在6月24日之前，作为我32岁的生日礼物。

今天是2017年2月26日，过去了9个月，快300天，这个“生日礼物”还迟迟没有送到。天知道，这300天我都经历了什么？人生真的是一个特别神奇的存在，之所以我们每天都在盼望着，盼望着，是因为明天有着“不知道会发生什么”的不确定性，正因为这样的不确定性，我们决定了，要翘首以盼。

我是一个“不安分”的人，从填报大学一定不报本省，到毕业了不告诉家人直接把户口转到当时的男朋友、现在的先生的家乡。从大学第一个暑假，就开始揣着300块钱，从北到南玩了一圈才回家，爸爸打电话问在哪儿，回答是“我在图书馆”。从20岁认识一个男生，到27岁结婚，到29岁生孩子，到如今孩子快4岁。我和他在一起，今年第13年，两人仍然像初恋。

我有很多朋友，天南海北，出差到哪儿，都有朋友热情接待，嘘寒问暖。我有很多非常知心的朋友，每个人的相识机遇都不太一样，但都有相同的一点：第一次见面，就觉得认识了很长时间。我也有很多从年少到现在一直保持密切关系的朋友，我们每年只能见一次，却仿佛每天都相见。我也有笃定一辈子不离不弃的朋友，我们遇到任何事情，都把彼此放在最前和最后，最前思念，最后惦念。

茉莉家族，是一个虚拟而真实的存在。她的诞生是一次“不经意”，但她的成长却是我的“精心和刻意”。这两年来，我做了很多事情，只有一个目的：让她变得纯粹而美好。无论是，你现在看到的这本书，她是茉莉家族的一个延续——姐妹课堂的精彩合集，也是“幸福合伙人”计划的第一步；还是，未来你会看到的“幸福合伙人”计划的第二步，幸福旅行的开启。抑或是，“幸福合伙人”的第三步，弥散着商业气味、但却沉淀幸福的幸福咖啡馆的降临。

幸福，不是一个事业，而是一个始愿。

她存在于每个人的内心最深处，却不是人人都愿意时刻挂在嘴边。她更像是一个标签，或是时代的印记。

有人问：“你幸福吗？”

估计，你都不知道从何而答。因为，幸福不是能用一句话去描述的，也无法用一件事去表达。

但，我从你的表情里，可以读到幸福，可以体悟到幸福的温度。这是生活留下的痕迹，无法带走，难以泯灭。幸或不幸，不是天注定；幸或不幸，是你我自己决定。

我一直有一个小小的心愿，无论在哪里，都让人知道，有一处地方，是你的心灵后花园，是你可以寄存灵魂的地方。在这里，你最舒服，最自在，最回归本我。我们彼此，只需要远远望着彼此，不需要任何语言，也无须任何誓言，就这样静静地望着，就能过这一生。

这个地方，不是所有人都知道。但，你我很明了。

这是我做茉莉家族，发起“幸福合伙人”计划的初心。好东西只分享给珍惜之人。做全中国“最小”的社群，但社群里每一人都是最大的力量，国内首个现象级mini社群IP——幸福合伙人，也就应运而生。

这本书，只是一个开始。

她宛如一个新生儿，需要接受来自大自然的洗礼或蹂躏。我们是她的创造者，也是她的呵护者。为了她的降临，我们付出了无数个日夜的辛劳，也为了她的成长，耗尽了无数的思考和焦灼。愿她，欢乐如她的名字；也愿她，幸运如她的每一位缔造者。

是为序。

韦艳宜
茉莉家族创始人
2017/2/26

序
二

从幸福到幸福合伙人

- 你真幸运！

- 你真幸福！

打小我的身边就充斥着这样的声音，仿佛我天生丽质，运气顺得很。可事实却是，本人不过生在万千普通家庭中的一个，系万千普通女子中的一位而已。

赞就赞了吧，幸福力也是一种能力，谁说不是呢？

没错，我说的就是幸福力。

多年以后，因为自己的知识和经验的积累，世界观、人生观、价值观略微成形，总算为自己的“幸运”找了个还算贴切的解释——幸福力。

有科学解释说，幸福是在不幸之中解脱和以后与之形成对比才能感觉得到的。所以我认为，幸福力就可以理解成“不幸”以及“解脱之后与之形成对比”的捕捉力和感受力了。

毕淑敏说过：“我们从小就习惯了在提醒中过日子。”天气刚有一丝风吹草动，妈妈就说：“别忘了多穿衣服。”才相识了一个朋友，爸爸就说：“小心他是个骗子。”你取得了一点成功，还没容得乐出声来，所有关切着你的人一起说：“别骄傲！”你沉浸在欢快中的时候，自己不停地对自己说：“千万不可太高兴，苦难也许马上就要降临……”我们已经习惯了在提醒中过日子。

看得见的恐惧和看不见的恐惧始终像乌鸦盘旋在头顶。

所以，她倡导，要时刻注意提醒幸福。我深受启发并庆幸：习得这人生精髓的时候，我还年轻。

人有悲欢离合，月有阴晴圆缺。但是因为我们不喜欢悲和离，恐惧阴和缺，所以始终惶惶恐恐。

明明皓月当空，凉风徐徐，正是赏花赏月赏秋香的好时节，我们却怅然：明日，怕是个不晴朗的日子吧？

明明佳人在旁，夜色撩人，正是卿卿我我你侬我侬的好时节，我们却怅然：这旁人，可是我那可以偕老的真命天子？

明明金玉满堂，丁财两旺，正是享儿孙绕膝天伦之乐的好时节，我们却怅然：这光景，我还有多少年岁可以消受呢？

……

我们总是习惯把注意力放在悲和离、阴和缺上，于是，大多数人早已练就了对不幸与灾难的从容，却没有多少人学会坦然、心安理得地享受灾难间隙的快活和幸福。

正如毕淑敏老师说的那样：“人们常常在幸福的金马车已经驶过去很远，捡起地上的金鬃毛说，原来我见过它。”

很幸运，我活着的世界里，一地的金鬃毛。

奶奶在准备的饭团上放上她亲手腌制的咸菜时我就很欢喜：至少，还有奶奶给我准备早饭。

考试考到第三名时我就很欢喜：至少，我还有可以进步的空间。

被一家规模比较小的公司录取时我就很欢喜：至少，我还有见证它变强变大的机会。

寻得一位既非出身豪门也非玉树临风的另一半时我也依然欢喜：至少，还有人爱我。

想说点什么打开通讯录还能很快找到名字时我就很欢喜：至少，还有人可以牵挂。

是的，至少，还有。

有个主意，想要个肯定的眼神，告诉我，我不是白日做梦；

心堵得慌，想要个亲密的倾听，告诉我，说出来会好一点；

寂寞侵袭，想要个温柔的声音，告诉我，你值得被疼爱；

遇到挫折，想要个紧紧的拥抱，告诉我，苦难终会过去的；

迷茫踌躇，想要个笃定的指引，告诉我，你这么做会更好……

幸福合伙人就是这样的存在。

当初提出“幸福合伙人”这个概念的时候，正是从识得的茉莉家族这群聪慧的可爱的明媚的女人之后所得来的灵感。

中国梦是什么梦？是幸福梦。那万万千千中国人的幸福梦由谁来造？

答案是：女人。

进一步曰：有超高幸福力的女人。

更满意的答案：有着超高幸福力的幸福合伙人。

她们有着有序而健康的生活，上敬老下善小。

她们对工作和艺术有着深刻的领会和启发。

她们对信仰和爱有着自己的表达和传递。

她们是幸福的实践者，以爱为本源，真实地面对自我却又乐共创、爱分享。

她们渡己，也渡人。

读这本书，读幸福合伙人，读她们。

像她们一样，学会在云淡风轻、四季轮回、朝九晚五、柴米油盐中，在平凡得不能再平凡的分分秒秒中捕捉幸福。

于是，尽管逝者如斯，不舍昼夜，你亦能不管明日如何，先把昨日剩下的米，炒成粒粒分明的蛋炒饭，并与TA同享。

我想，这便是最好的幸福哲学了。

嘿，幸福合伙人们，愿你我始终幸运、幸福。

翁萍
墨攻传媒副总经理
2017/2/19

序三

一寸阳光的美好

幸福合伙人要出第一本书了。

茉莉说，江南给我们幸福合伙人写一点什么吧，也算是见证了我们这一路走来，还要继续支持着走下去。

翁萍说，很好奇江南会写些关于幸福的什么。

写什么呢？我不禁问自己。

是啊，写点什么呢？每每思量甚久，我觉得应该好好写写那些属于我们一起的文字，但竟毫无头绪，无从下笔。

幸福合伙人的前身是茉莉发起的茉莉家族社群，后来各种机缘，茉莉、翁萍和我发起了幸福合伙人项目。曾经有一段时间，我们仨常常汇聚在各种咖啡馆，筹划着幸福合伙人的种种事情。

其实，我们认识的时间不算很长，和茉莉认识是当时我刚创业不久，一心想拉茉莉一起创业。至于翁萍，突然间想不起来是如何认识的了，只是非常清晰地记得我们在一起谈天说笑，斗嘴互讽，喝茶品酒，甚至有时候谈谈人生，一直把她们当认识很久很久很久的老朋友，相处下来觉得从来没有过的舒服自在。

也许，这就是纯粹的情谊吧。我们在一起没有任何的利益驱动，更无商场、职场的种种束缚和目的。也正因为这样，最近因工作忙碌，和她们静下来聚聚的时间很少了，总被茉莉说江南已经被创业这个大泥坑深深埋藏了，多可惜的一个小伙子。

人生的每一个阶段都会遇到形形色色的人，或许会陪伴你走一段很长的路，或许只是匆匆而过。如同，火车奔驰在轨道上，每一站都上上下下不同的旅客，能陪你到终点的会是谁呢?

非常怀念那段幸福合伙人在一起谈笑风生，纯粹为理想情怀燃烧奋斗的日子。茉莉会继续追求她认为的幸福家族，翁萍还在为她的传媒事业打拼，我也一如既往地为寻求一种创新的户外旅行生活方式而继续烦于俗事。

在不久的将来，或许我们会因日常琐事、柴米油盐逐渐淡出各自的记忆，但我相信我们幸福合伙人的纯粹情怀会一直延续下去。

哪怕只是在某个阳光灿烂的下午，我们仨一起静静坐在阳光之下，静默地对坐，慢慢回味这些曾经的忆痕，享受那一寸阳光的美好，足矣!

因为，我们是幸福合伙人。

江南忆龄
知行家创始人兼CEO
2017/2/26

目录
CONTENTS

CHAPTER 1
自我的心灵提升

CHAPTER 2
生活中的小确幸

CHAPTER 3
做孩子的好闺蜜

CHAPTER 4
放眼看这个世界

CHAPTER 5
新职场加油站

CHAPTER 6
美好的折射面

CHAPTER 1

自我的心灵提升

韦艳宜

韦艳宜，国内首个现象级 mini 社群 IP“幸福合伙人”项目的发起人，致力于打造“最温暖心灵后花园”的茉莉家族掌门人，创立以姐妹 IP 为原生优质输出的自媒体平台。

作为品牌营销专家，全程策划婚恋产业链领导品牌百合网 + 旅行项目，独立操盘千万量级日化品牌海魅儿，领衔团队为美业 O2O 口碑品牌小美到家进军电影娱乐营销领域，打造“娱乐 + 美业”新快营销模式。

自诩：

每天都能活出 28 小时的普通人。

人生，不能没有“复盘”

话题

这个话题，是茉莉多年来运用在工作和生活中的“非独家方法论”。这个方法论也融入了众多知名企业的企业文化，以联想集团为典型。茉莉的这次分享，作为“姐妹 IP”的输入——姐妹课堂的开篇，具有非常特别的意义。这是一次“复盘”，也是一次“开始”。“姐妹们每周五的知识约会”从此风雨无阻，坚持了 100 期，700 天，1 年零 10 个月零 7 天。

各位姐妹好，今天分享“复盘”这个理论和实践紧密结合的方法论。复盘，是我十年管理工作和自我成长中最受益的工具之一。所谓“磨刀不误砍柴工”，“复盘”就是磨砺利器的过程，在奔忙行走的日日夜夜，从不回头观望自己和同行人的职场人，有可能连“前方道路是否正确”这一最基本的方向感都会丧失。

“复盘”是什么？为什么这个方法论被众多互联网大佬们推崇，甚至有颠覆“互联网思维”之势？我想，今天我以一个实践者和受益人的身份，跟大家一起重新梳理和学习这门非常实用的方法论。

Part 1
什么是复盘？

复盘源于古老的东方思维，这种思维不仅仅是一种思考和管理的工具，更是一种文化。这个词最早来源于棋类术语，也称“复局”，指对局完毕后，复演该盘棋的记录，以检查对局中着法的优劣与得失关键。这是棋类高手惯常的方法论，每天“打谱”，按照棋谱排演，有效地加深对这盘对弈的印象，也可以找出双方攻守的漏洞。

复盘被认为是围棋选手增长棋力的最重要方法，尤其是有比自己更高水平的人和自己对弈并帮助复盘的时候，他们可以看出选手看不到或者思考不到的地方，从而一下子将选手的眼光和视野拓宽。围棋棋手的训练方法说来也简单：就是下，下完后做一番简单复盘，日复一日，天天如此。这样的训练方法最单调，但也最有效。水平低的年轻棋手要想快速提高，最好就是有条件向高手讨教，通过实践来学习。因为对局中能够学到布局、中盘、官子及形势判断等各方面的知识，又能不断增加实战经验，还能迫使高手认真思索，拿出看家本领。

通俗来说，复盘就是把当时“走”的过程重复多遍，并且主动思考为什么“走”这一步，下一步如何设计，接下来的几步该怎么走。从棋阵来看，复盘是攻守结合的切磋，从心理战来看，还在于揣摩自我与对方的心理思维，最终总结出所谓的“路数”，也就是通常我们所说的“套路”。这样的“套路”熟稔于心，就能达到快速提高，甚至成为高手的境界。

这是棋术中的“复盘”，在商业模式和个人管理的“复盘”，有异曲同工之妙，但心态和眼界却各有不同。复盘作为一种非常常用的工具，几乎可以运用到任何人和事相关联的介质中。它区别于总结，也不是任何人的表彰大会，而是摒弃了个人主义的角色扮演，去个人化，去中心化，完全回归到实物原生状态，解剖所有与其相关联的环节，拆开“零件”，一件一件去回忆、分析、解释、阐述，最终需要得到一个更好的可能性。

需要强调的是，复盘不是一次性的“行为艺术”，它是一种持续性、连贯性、递进式的旋转向上的动作。这个行为可以一人参与，可以多人参与，但原则上是所有与之相关联的人和事都要参与，并且复盘的关键在于及时、迅速、有效、反复。具体的方法论，在稍后的部分会详细列出。

Part 2
为什么要复盘?

“磨刀不误砍柴工”这个俗语已经道出了“复盘”必要性的原因。在这里讨论为什么“要”的同时，我们可以思考另一个问题：能不能不做复盘?

我想答案也是肯定的。因为，这个方法论毕竟不是人人都知道，当然也不是人人都在用。不用这个方法论的商业精英也大有人在，难道能给他们贴上“不成功”的标签吗？非也。我只想强调一个观点，就是“更好”。不复盘，没有任何损失。但是，你可能与“更好”的“下一次”擦肩而过。

复盘的精髓在于，“更好的可能性”。这个可能性是针对任何人和事而言。看似简单的“摆谱”和“演习”，却不是简单的重复，而是揭开表面看本质的过程，对于参与的所有个人而言，有时候也是一次残酷的自我解剖的过程。而且，非常“过瘾”的人生体验在于，这个过程中的所有人——当然包括你的上级、你的上上级，在这样一个去中心化、去个人化的舆论氛围中，只要没有人身攻击，对于事情本身的评价是获得所有人尊重的。这包括对于直属领导，甚至是大Boss，你都可以“就事论事”。

复盘的好处，我从多年的实践操作角度简单归纳如下：

1. 知道“坑儿”在哪儿，避免重复犯错

每一次的实践都不可能做到百分百完美，在复盘的时候，我们重点知道，哪些地方做得不尽如人意，不尽如人意的原因是客观还是主观。有没有一些本来就存在、只是我们从来不知道的“陷阱”和“坑儿”，从这件事情的实践中得到明显的“位置标记”。如果找到这些，对事情本身来说，也是极大的收获。

我说的“陷阱”和“坑儿”指的大多是战略上和心理层面的。很多时候，我们会盲目乐观地“自认为”，而把很多客观存在的规律和历史实践的经验忘在脑后。于是，事情呈现出来的结果验证了我们的自以为是。

战略和心理层面的“补坑”之后，将极大地避免重复犯同样的错误。同样的错误不再犯，是复盘讲求的第一层次的目标。同样的，在战术上的实际操作遇到的“坑儿”也是如此。战术上的查漏补缺具有历史性和环境因素干扰，不易简单复制。但是有了战略层面的升维，战术上的重复犯错将可以降低甚至杜绝。

2. 知道团队的强弱项，分工更趋合理

复盘，到底在复什么？这个问题其实很关键。人和事，两者缺一不可。刚刚说的是“事”层面的复盘，“人”层面的复盘，多半是事情参与的人。每个人都有自己的强弱项，唐僧取经之所以最后修得正果，也在取经团队的强弱项在这唯一目标上的互补和聚焦。如果分工合理，长板效应更凸显。反之，短板效应的危害也是有目共睹。

复盘的第二层次的目标，在于了解团队中的每个人，并且磨合和合理分工。最终的目标，不是彼此牵制，而是彼此融合和互促。

3. 知道“敌我”双方的实力，磨炼心理战术

这里说的“敌我”，不是真实的敌人和自己，而是事情本身的正反两面。即使是众人复盘，“敌人”也不是复盘的彼此，而是事情挫败的方向和诱因。知道这件事为什么没做好，哪里没做好，方向有没有问题，诱因在哪里等，很重要。

复盘一件事情的来龙去脉，跟一盘棋一样，都在彼此斗智斗勇。掌握节奏和心理战术尤为关键。而心理上的成长和锤炼，是复盘第三层次的目标，也是个人和团队在这其中获得的巨大收获。

4. 知道“更好的可能性”在哪儿，胜在细节

“更好的可能性”，是复盘讲求的终极目标。复盘，是全盘皆复。在全盘当中，存在着各个细微的环节。这些环节环环相扣，最终导致了或好或坏的结果。所以，复盘的过程，是将细节重新曝晒的过程。而在这个过程中，“更好的可能性”已经存在。

知道了哪些地方有可能更好，才能在下一次实践中获得这个细微环节的迭代和升级的可能。这也是引用了很多遍的联想战略迭代三部曲“懵着打、摸着打、瞄着打”的复盘历程。

Part 3
怎样做复盘?

大家都熟知的商业界泰斗级人物柳传志先生对复盘这个方法论推崇有加，并且将复盘融入到联想的企业文化当中，将这个方法论推广运用到极致。复盘的操作手册，将尊重柳老先生的方法，并结合我的实践操作，整理出一套系统的《复盘实操手册》献给大家。

复盘的时候必须按照一定的步骤进行。步骤是复盘的流程，可以保证复盘的进展是有序的，也能够保证每个参与复盘的人都知道如何参与，从而发挥自己的作用，更可能在复盘中得出有价值的认识。

复盘步骤，可以分解如下：

第一步：回顾目标

复盘开始的第一步，就是回顾复盘事件的目标。这让参与复盘的人心中有数，自己要讨论什么，如何评判。将手段当作目标或者是替代目标，是我们常见的错误。回顾目标的时候，有一个简单有效的技巧可以注意加以利用，那就是将目标清晰明确地在某一个地方写出来，可以写在白板上，可以投影在屏幕上，以防止参与复盘的人员中途偏离目标。

第二步：结果对比

目标是希望达成的，结果是实际做到的。将二者进行对比，找到实际结果和希望目标之间的差别。结果对比的目的不是为了发现差距，而是为了发现问题。重点不是关注差距有多大，而是要在出现差距的地方，试着去提出疑问：为什么会有这样的差距。

第三步：叙述过程

叙述过程的目的是让所有复盘参与人员都知道事件的过程，了解做的事，知道细节，拥有共同的共享知识。这样大家才有共同讨论的基础，不用浪费时间在信息层面。

为了实现这一目标，我推荐“照本宣科”的方法。“照本宣科”的关键，除了要照着本子说，还在于要有一个“本”。在复盘之前，自己对做事的过程用文字形式进行记录，就可以形成复盘中要照着宣讲的“本”了。

第四步：自我剖析

自我剖析，就是自己对做过的事情进行反思和分析，看看有哪些问题、有哪些成绩，并试着去找出原因，发现规律。自我剖析是一个自我成长的机会，它能让你自己先给自己打个预防针，这样后面别人给你扎针的时候，你就有了准备，也能够对比。

自我剖析的时候，要客观，要能够对自己不留情面。进行这一步的时候，根据“结果对比”部分的结果，进行进一步思考，以期明确在结果中，有多少是自己努力带来的，有多少是外在环境造成的。区分自己努力还是外在环境的影响，可以通过可控性概念来进行。

第五步：众人设问

众人设问可以让复盘突破事件本身的局限，突破个人见识的局限。设问要多探索可能性，考察每一种可能性的条件，以及其边界。当这些被探讨清楚了以后，问题基本上就一清二楚了。

第六步：总结规律

总结规律是复盘最重要的内容，可以说，上面所有的步骤都是为了得出一般性的规律，形成符合真相的认识。总结规律得出的结论是否正确，最好的检验当然是时间，但是，一旦进入到实践阶段，则说明复盘工作已经结束，它依旧不是复盘当时就能确定的。

第七步：案例佐证

除了从因果关系上去验证规律外，为了验证规律的可信度，还应该用其他案例进行佐证。这是从规律的适用性出发的一次实验。案例佐证面临着案例选择的问题，所选的案例应该是同类型的、同行业的，不能选取跟所复盘的事件无关的案例。

第八步：复盘归档

经受了上述七步的复盘得出的结论，应该具有较高的可信度，这个时候，它们就是得到了认可和值得传播的观念和规律。下一步就有必要对复盘进行归档，这其实也是知识管理的一种。

归档将复盘得到的认识知识化，更加方便传播和查阅。这让没有参与复盘的人也能掌握复盘得出的规律和观念，让新人可以在自己的工作中进行学习和参考，少走弯路。

Part 4
案例分享之复盘人生

用“复盘”的方法论复盘人生，分享一个案例——面包旅行CEO彭韬，他在网络上分享了他的“复盘人生”《39岁生日那天，我回了一趟老家》。

为什么要复盘？彭韬回答道：“回首人生，这些经历看似随机，但当你把人生看作一场旅行，这一切经历就都很释然：因为每一段经历都是一道风景。而正是我对世界的好奇，在持续地驱动我去发现世界、发现自己。更有意思的是，我想通了一个道理——有时候人是确实需要回到原点，来复盘自己的人生。”

复盘这件事给他最大的启发是：每一次“复盘”是让你对一件事件的所有的输入和输出客观地罗列出来，给你提供一个理性的思考场景。所谓的输入，我理解就是背景、努力、过程；而输出就很简单，就是最后的结果。

个人、军队还有企业有点类似一个黑盒子，很少有人能够真正了解其内在的特质。好处是每一次复盘，就能得到一个既有输入又有输出的方程式。只要有足够多的方程式，就能做逆向工程（Reverse Engineering），解开未知数，你就能发现自我——你的 DNA 是什么？你的长处是什么？让你明白自己到底是什么人？这种方式同样适用一个团体，例如军队、球队以及企业。因为事实、数据永远不会骗人。

四十岁的边上，彭韬建议大家，当你想“获取原力”的时候，最简单的方法，就是回到原点。

第一，最简单的方法，每天复盘。当你把每天做的事都复盘一下的话，去充分挑战自己，多问自己为什么，就像为了跳得更高你需要先蹲下一样，这样的反思会帮你走得更远。

第二，多以生命为维度进行复盘，将你自己成长的起点到现在连起来。看看以前的自己不是简单的叙旧，而是你回到原点，在一个客观的环境里作为参照，帮你理性地思考更加真实的自己。

第三，如果你把人类文明作为一个维度的话，那么回到人类发源的原点，一定要去一下东非。

东非是一个神奇的地方，彭韬两次登陆东非，爬了乞力马扎罗山，看了动物大迁徙，他发现同去的很多朋友，都有一种相同的感觉——好像回家了。

人生，是一门大课题。工作、学习、思考，陪伴我们这一生。期待大家能运用“复盘”方法论，完美自己的人生。

最后，我用马云的一席话结束今晚的分享：“赢的人要反思，我们侥幸在哪里，输的人要反思，我们输在哪里，是哪些事情我们做好了，我们就会赢，把时间专注在这，可能会好些，否则永远把时间停留在这个没做好那个没做好，那就没士气了。因为输的反思的目的是：下一场要赢。

{金语}

1. 复盘这种方法论，日复一日，年复一年操作，最简单，也最有效。
2. 复盘不是一次性的“行为艺术”，它是一种持续性、连贯性、递进式的旋转向上的动作。
3. 复盘的精髓在于——“更好的可能性”。

周 铭

周铭，广西科技大学副教授，博士，毕业于清华大学摩擦学国家重点实验室，曾赴加拿大阿尔伯塔大学访学。中国机械工程学会优秀机械工程博士论文优秀奖、清华大学优秀博士论文一等奖获得者。长期从事表面/界面黏着与摩擦的控制机理与方法的研究。近年来主持国家自然科学基金、中国工程物理研究院超精密加工重点实验室基金等项目，作为主研人员参与国防基础科研、973、高档数控机床专项等重大科研项目。在国际权威学术刊物《ACS Applied Materials & Interfaces》《Carbon》《Journal of the Royal society Interface》等SCI收录期刊（Science Citation Index, SCI，翻译为美国《科学引文索引》）上发表论文14篇。

如何成为具有科学家思维的人

话题

这个话题，非常有意思。大家都知道，科学家的思维是缜密的，具有远瞻性。科学和生活距离似乎可以用“光年”来形容，但其实不然。科学家也是生活家，他们的生活并非不食烟火。具有科学家思维，对于生活来说可谓事半功倍。今天，走进科学家的生活，一起学习科学家的思维。

大家好，我是周铭，本科就读于清华大学精密仪器与机械学系，之后于清华大学摩擦学国家重点实验室免试攻读温诗铸院士的博士。在清华的十年受到的熏陶，一生受用不尽。

我毕业后工作于中国工程物理研究院机械制造工艺研究所，目前在广西科技大学任副教授，从事新材料润滑方面的研究工作。茉莉称我为“科学家”，其实不敢当。有人问我，你是从小立志当科学家吗？并不是，我感觉自己很爱玩。

科幻小说《朝闻道》里的一句话曾深深打动过我：“现在，宇宙终极之美就在我面前，我能不看她一眼吗？”如果自我评价一下，我个人感觉适合自己从事科研工作的重要基础是对浩瀚的自然规律的好奇与仰望。离大科学家，还有很长很长的距离。**在我心目中，科学家的必备基本素质是，无穷无尽的好奇心、文理结合的思维方式以及信息表达、传播与处理能力。**

Part 1
学术生态圈长什么样儿？

科学家们的世界是什么样的呢？首先跟大家分享一下学术界的生态圈，让大家稍微了解一下这个职业。

大家会觉得科学家的世界非常地神秘，电视里的科学家形象也都是在满是各种仪器的、看起来很炫目的屋子里做一些难以理解的事情。教科书里的科学家和我们以前写作文引用的科学家，例如爱因斯坦、居里夫人、卢瑟福、法拉第等，也都是立志造福人类、情操高尚、孜孜以求的形象。

事实上，我觉得做学术更多的就是一个普通的职业，只是用到的知识技能不容易掌握、离人们的日常生活比较远而已。那我们平常都在干什么呢？做出有价值的科研工作需要三个必要非充分条件：

首先，有足够的信息量支撑你清晰地理解你的工作价值在哪里；其次，有足够的经费支持你开展相关的研究工作；再次，需要持之以恒地在一个领域里耕耘并收获。稍微思考一下，其实这个道理也指明了我们在任何一个行业里的奋斗方向。具体到学术圈里，我们平时干的就是三件大事。

第一件事，针对第一个需求“信息量”，我们需要开展文献调研或实地调研，明确需求；充分搜索并阅读相关领域文献，了解前人的研究成果，以使自己站在“巨人的肩膀上”前进；活跃地参与国内外的学术会议，了解最新研究动态、结识该领域相关专家学者，并传播自己的工作价值。

针对第二个需求“经费”，通常需要撰写各类申请书申报项目以拿到万恶之源金钱。科研是个烧钱的工作，仪器设备、测试加工、材料耗材都占了大头。例如一个具有常规洁净功能和常规恒温恒湿功能的几十平方米洁净实验室，所谓常规就是等级指标并不高，一天的电费都是数以千计。指标高一点的适用于超精密制造的，电费则数万不等。常规的单台仪器设备数十万至数百万不等，按每年百分之十的损耗计算，拥有数十台仪器的实验室，仪器的折旧损耗也是一笔极大的支出。又例如我们用于超光滑抛光实验的某种大口径晶体，从晶体生长制备开始，经过前序的数道加工工序，输入到我们实验的单块晶体成本约为五十万一块。因此，撰写申请书、争取同行领域的认可、从国家或者其他渠道争取经费，是支持研究工作的重要内容。

针对“耕耘”和“收获”，我们需要进行大量的实验工作、理论计算、模拟仿真等，并把成果进行高度凝练，撰写文章、著作、专利。

由此看来，科研工作和其他的职业一样，需要各种能力与素质。常规人眼中“两耳不闻窗外事，一心只读圣贤书”的书呆子，在科研与学术的道路上并不会发展得特别迅速。

那么，我们的工作又是用什么标准评价的呢？我个人总结的是“非常6+1”。6是指6种成果：即文章、专利、著作、奖励、所承担的国家级/省部级课题、承担的学术兼职。1是指职称上的晋升、各级各类人才计划项目，代表的是对学术水平的认可。正高级职称是研究员、教授，副高级职称是副教授、高级工程师，中级职称是讲师、工程师。各级各类人才计划包括国家级的长江学者奖励计划、杰出青年科学基金计划、新世纪优秀人才支持计划及各省各市专设的人才计划。

Part 2
职业科学素质进阶图谱

在对我们这个生态圈的情况有了解之后，有人比较好奇：科学家一般需要具备什么素质呢？就以一篇文章的产生过程为例，看一看学者们的思维有哪些可以借鉴到其他的职业中。

首先，撰写一篇学术文章开篇是Introduction（引言），就是综述这项工作所站的“前人的肩膀”。就像我们向经理汇报一项新的市场开发方案，需要介绍目前市场上当前的主流品牌，分析每个主流品牌的优势与劣势，从它们的成长或衰退经历中总结市场的需求与导向，进而找准自己的定位与工作的价值，寻找到切入点。

类似地，在学术文章的开篇，需要分析领域内相关的重要研究工作的亮点与缺陷，梳理研究工作发展的历程与趋势，瞄准前沿、把握脉搏与趋势，进而引出自己工作的亮点。这一部分是门店开张前的选址、是股票投资前的选股，往往需要千锤百炼、反复琢磨。既需要虚心继承前人的基础，又需要敏锐察觉工作的不足，更需要大胆提出自己的创新。

思考得越深入，呈现得就越精彩。我不由得想到前段时间很热门的郭敬明和Dr.魏的精彩对战。网上的八卦和评论层出不穷，有一点网友提到的，小四质疑后，Dr.魏给出了解释，小四在没有理解Dr.魏解释的情况下反复质疑，两人的争执就不是一场思维火花碰撞的精彩辩论。评论是否切中事实暂不讨论，但从中我们也发现批判的前提是继承，继承的升华是批判。因此我觉得**科学普适性的第一个素质是“继承与批判”，源于独立思考的思辨能力。**

接下来，需要阐述实验或理论的结果，并进行分析与讨论。“Discussion”（讨论）是文章的第二个亮点所在。由过程到结果，看似一步之遥，实则漫长而艰辛。同样的现象，在不同人的眼中得到的结果大相径庭。逻辑思维的训练却恰恰是东方文明相对欠缺的。但是掌握逻辑思考的能力，对于解决问题而言非常有用。

引用知乎的一个有趣的例子：人在什么情况下会哭？请尽可能列举不重复的答案。如果没有逻辑上的思考，我们张开思想的翅膀任意翱翔，想到哪里写到哪里，随意而随兴，顶多能列举出六七个后，速度就会变慢，只能绞尽脑汁地再多憋出一个一个的答案。

若是用到逻辑思维方法呢？我们会发现最有效的是先分类，分大类后分小类，像一棵树一样，便能尽可能多地采摘到每个树杈的果实。例如，分大类：一个人哭的场景、两个人哭的场景、多个人哭的场景。再分别对一个人哭的场景分小类：身体上的原因、学业上的原因、事业上的原因、情感上的原因等，进而对每一个小类进行列举，会容易得多。身体上的原因包括：生病会哭、摔跤会哭、拔牙会哭，等等。学业上的原因包括挂科会哭、考不上大学会哭、辛苦做的文档被删了会哭，等等。这样一来，列举的速度会快得多、举的例子会全得多。

逻辑思维的方法包括比较、分析、综合、概括、抽象、推理、演绎等。掌握这些，不仅可以让学习新的知识事半功倍，也可以让我们在工作中处理问题多快好省。

文史自然，新旧合冶；文理交辉，人文日新。我认为，最有价值的思维模式，是形象思维和抽象思维结合的方式。例如如果用理科一些逻辑归纳的能力去归纳文科的一些知识点，就会记得很快，记得很牢。反之，用形象的思维方式演绎抽象公式代表的物理过程，将其具象化，十分有利于深刻理解和把握其中的物理规律。其实，很多事情一琢磨，就会发现，万事万物都是相通的。**思维方式的训练，就是尽可能使自己的大脑保持尽可能多的刺激。这包括两层含义：尽可能的多样化和尽可能的高频次。**

最后，当一篇文章撰写好了之后，我们还能尽可能收获得更多么？我感觉是完全可以，至少有三件事是可以做的。第一，继续深入。我在做博士期间的一篇文章，是在第二年进行的一个数值计算仿真工作，但是反复修改锤炼一年多后，结合实验和更新的认识，发现可以进一步发展成一个评价准则，于是又进一步凝练与升华，直到第五年快结束的时候才发表见刊，发表在英国《皇家学会界面杂志》（Journal of the Royal Society Interface）上。

按照清华大学本学科的规定，只要这一篇文章的影响因子达4.0以上就可以博士毕业。虽然影响因子不是我的几篇文章中最高的，但是个人却感觉是学位论文中比较亮点的部分。反复深入的锤炼，这是的科学家的第三个素质。

第二，我们可以做个标题党！目前我发表的影响因子最高的一篇文章，一开始题目很low（一般、普通），翻译成中文大概是《一种基于XXXX的三爪夹持器原型机》。一听就觉得是一件淹没在大海中的普通的事情。后来经过反复的讨论并提炼研究工作中最能体现科学含义的精华成果，历经十多次反复修改，最后的题目是《Controllable Interfacial Adhesion Applied to ...》，翻译成中文就是，“可控的界面黏着，体现了研究首次实现界面黏着效应的控制”。这也是我目前比较满意的文章之一。因此，精彩的标题党是来源于对工作深刻的认识。

第三，我们还可以将成果对外进行传播。好的传播必然包括精彩的图。既能一目了然，又高度概括了科学内涵，如果能漂亮舒服上档次那就再好不过了。此外，在会议上或答辩中用PPT进行工作的展示也是必不可少的。因此，科学与艺术的结合、优秀的口头表达能力也是学者们修炼进阶的高级技能。

在很多文学作品中，科学家喜欢沉浸在自我的世界里，孤傲而不食烟火。然而，**我认为在学术圈里面的人才，必须是复合型人才。**在东西方，交流与交际都是学者们非常重要的工作，**包括传播自己的工作，宣扬自己工作的价值，以及聆听其他学者的工作以及针对问题进行交流与讨论。社会发展到现在的阶段，大部分的科学研究及工程开发都对通力协作提出很高的要求。**所以我们就会看到，真正有分量的科研工作，作者都是很多人，署名单位包括很多个机构，大多是几个机构集合自己的优势，同时相互讨论，彼此思维的火花碰撞，才能产生比较好的学术成果。**因此“孤傲”的气质并不会对科研工作有所裨益。**

Part 3
生活中的科学素质养成

分享了那么多职业环境和职业素质，大家都觉得比较枯燥吧，大家是不是也想听听生活中的科学呢？其实科学无处不在，分享一个小例子。

一个是科学思维用于生活的例子。我博士期间的工作是研究壁虎足底刚毛产生强黏附的原理，对黏附机制有一定的了解。有一次，家里墙上装饰的木质板材卷边并脱落了。刚开始，我妈妈用胶水粘了一两块，效果都不理想。我想解决这个小问题还要从黏附的机理入手。木板材的翘曲变形使得即使一开始被粘平了，内部的残余应力也会破坏界面黏附力。

因此，首先将板材反卷一下尽可能降低这种影响。其次，502胶水产生强黏附需要对材料表面进行充分的润湿，溶剂挥发后界面处发生化学反应产生化学键，从而实现物体的结合。而物体表面的粗糙度和清洁程度均影响其性能，因此首先对需要黏附的表面做清洁，避免使用布或纸巾等会掉屑的介质来清洁，粉末和颗粒也会恶化界面充分的黏附。

由于木材表面比较粗糙，有些地方稍微打磨一下更有利于液体润湿并避免气泡。再次，按压足够长的时间使界面的结合尽可能充分。期间尽可能保持按压的力度和位置不变，避免应力改变。最后，基于杠杆原理，尽可能在边缘多涂胶并尽可能形成牢固黏附以降低卷曲残余应力的影响，这比在中心处形成牢固黏附的效果好得多，之后再在表面粘上透明胶辅助新的黏附界面稳定一段时间。第二天取下透明胶带后就大功告成了。

其实我们生活中有很多事情都涉及表面/界面科学的问题。我的研究方向是摩擦学和界面科学，觉得里面的问题很有意思。

以前我的导师说过，科研research就是re-search，就是反复地搜索。因此对于公开的文献资料及著作书籍，都可以在科学思维的指导下吸收其中的养分，丰富自己的知识体系。对于日常生活中遇到的问题或者传播的伪科学，也都可以在科学思维的指导下学习新知识去破解，感觉挺有趣的。

经常有人问我，学习这么多物理公式、科学知识，这么枯燥有没有什么窍门？我个人感觉，把这个物理过程像放电影一样在脑海中放一遍。整个过程比较清晰，而且很形象，记忆更牢固。结果我发现，把这种抽象的东西形象化是一个很有效果的办法。

其实一个人做实验的时候，有时候是比较枯燥的，但是和平常的职业也没什么太大的区别。我们也会吹吹牛皮，聊聊天，而且也会在实验室里各种耍宝。比如，前段时间我们在调试仪器的时候，有用到液氮。液氮呢，就是把氮气降到一定的温度，并且加大压力，它就会液化。就像水蒸气遇冷了变成水一样。液氮的温度是很低的，零下100多度，这个时候有没见过液氮的人就跑过来跟我们打赌：你们敢不敢把手伸到液氮里面呀？

结果，我们还真赌赢了。因为把手伸到液氮里面的时候，会瞬间把皮肤表面的液氮汽化，形成一层氮气保护膜，这层保护膜就隔绝了液氮进一步与皮肤的接触。所以把手伸进去感觉并不是那么的凉，甚至比伸到凉水当中感觉还温一些。后来我们用剩的液氮来各种耍宝，比如把液氮浇在实验室的地板上面，瞬间就会产生很多的雾气，我们就在这个雾气当中摆各种pose来拍照，特别有腾云驾雾的感觉。

我们还采些小花花小叶子放在液氮里面，拿出来的时候瞬间硬邦邦的，脆得可以用锤子敲碎，十分有质感，很有趣。还把用剩下的胶手套，用氦气瓶给它充气，我们知道氦气的密度比空气要低很多，充出来的手套气球，就是自制的氢气球，看着圆鼓鼓的，特别萌特别可爱，都不知道是手套充出来的气球。

大家看，我们的工作并没有那么无聊和枯燥，有时候也是挺好玩的。还有浪漫的人，用电子束蒸镀等实验设备在戒指上面镀一层铂金，再刻出女朋友的名字，向女朋友求婚等，都特别有意思。

{金语}

1. “现在，宇宙终极之美就在我面前，我能不看她一眼吗？”

2. 逻辑思维的方法包括比较、分析、综合、概括、抽象、推理、演绎等。掌握这些，不仅可以让学习新的知识事半功倍，也可以让我们在工作中处理问题多快好省。

3. 我认为，最有价值的思维模式是形象思维和抽象思维结合的方式。例如用理科一些逻辑归纳的能力去归纳文科的一些知识点，就会记得很快，记得很牢。反之，用形象的思维方式演绎抽象公式代表的物理过程，将其具象化，十分有利于深刻理解和把握其中的物理规律。

4. 思维方式的训练，就是尽可能使自己的大脑保持尽可能多的刺激。这包括两层含义：尽可能的多样化和尽可能的高频次。

王 薇

国家二级心理咨询师、沙盘游戏治疗师、德国积极心理治疗师、中法儿童青少年精神分析培训项目学员、美国女精神分析家“女性专题”组学员、精神分析动力学取向心理治疗师、生命关怀公益讲师。从 2014 年起至今，长期接受法国斯特拉斯堡大学临床心理学肖德尔教授的督导学习。

坚持不懈地学习，让我有机会旁观到更阔大的世界和路径，有机会在人性丛林中，慢慢熟悉每一棵花草树木的秉性，每一只虫鱼鸟兽的可爱。每一种情绪，都存在于我们自身，并且永远不会失去。它们也是这人性丛林中的色彩，是激烈和动人的部分。感谢时光，让我的森林不断地丰茂、延伸，让我有机会感受你们所经历的，听到你们的世界的悲欢忧喜，陪伴你们找到你们想去的位置。

如何面对内心的恐惧和抑郁

话题

这个话题，酝酿了很长时间。之所以不敢轻易触及，是因为我们内心都害怕“恐惧”和“抑郁”这两个恶魔。但如果不去认识它们，在真正要面对它们的时候，我们就会措手不及、惊慌失措。所以，我们今天勇敢地来讨论这个话题，也希望这个话题能带给所有女性一点深思和反省。其实，恶魔就在我们身边，谁说不是呢？

大家好，谢谢茉莉家族的邀请，很高兴大家能对这个主题感兴趣。我是王薇，从开始学习心理咨询，到现在有自己独立的工作室，前后已有十年时间。主要工作是个案咨询，带领成长小组，组织读书会、主题沙龙、讲座等。很高兴今天能有机会和大家交流，做一些心理学知识的普及和推广。

2006 年 3 月 9 日，我在深圳书城看到《后现代交锋丛书》，其中有一本菲尔·莫伦著的《弗洛伊德与虚假记忆综合征》吸引了我。这本书使我对儿童期的创伤事件和记忆对一个人的成长带来的影响有了新的理解。在系统的法国儿童、青少年精神分析学习中，了解到多尔多女士——一名儿童精神分析家是如何与儿童工作的之后，我对精神分析有了更深的理解。

作为一名精神分析师，首先需要把来访者当成一个独立的主体，尊重他心理的独特性、保持探索的好奇心、关心个体的自由和需求。然后，才能开始一段有意义的精神分析之旅。

Part 1
认识焦虑和抑郁

为什么今天选择谈一谈焦虑和抑郁呢？因为在我的临床工作中，这是女性来访者咨询较多的两类问题。女性比男性更易感到焦虑和抑郁。很多女性深受困扰。

焦虑和抑郁具有不可捉摸性，尤其当它们是慢性的、复发的、甚至正在加剧时，会让来访者感到困惑和不安，甚至让她们感到自己笨拙、不可思议，生活失去希望、对自己失去信心、缺少生活乐趣，严重时失去活下去的愿望。抑郁的人往往会认为自己一无是处、生活如行尸走肉。

焦虑是对恐惧、不确定性的不安，是一种主观感受。从身体反应来看，焦虑会引起心跳加快、手脚冒汗、恶心呕吐。从行为表现上看，会影响个人的表达能力、行动能力、日常工作能力。

焦虑会引起害怕和恐惧。它们有相似之处，人们害怕的通常是外在特定的事物或某个情境，恐惧是对危险的自然心理反应。如何区别正常的害怕和具有疾病性质的恐惧呢？

来访者常常会说：“我明明知道我不需要担心，不需要害怕，没有什么会发生，可是，我依然控制不了我的担忧。”即使意识到这点，并且极力地想离开使自己害怕的情境，也无法赶走害怕的感觉。这种试图回避、逃离的感觉，是恐惧真正的开始。

那么，是什么引起这样的恐慌呢？这和遗传因素、童年成长环境、近期突发事件、环境条件、持续的心理压力等都有关系。

举个例子（焦虑中的一种表现——恐惧）：

一位女性来访者，她自述父母在她很小的时候离婚，她一直和母亲同住。最近几年，她开始避免去人潮拥挤的公共场所，如地铁、公交车、餐厅、电影院等。甚至因为上班时乘坐的地铁过于拥挤而改为在家办公。因为无法搭乘任何公共交通工具，每次出门她都是开车。她会猜疑男友，有各种不信任和不安全感。

追溯童年，她的母亲从小对她有较高的要求。因此，她不太确定自己是否是被爱的，有深深的被遗弃感。而这种深深的被遗弃感，转化为对男友过分的依赖和需要。

所以我们常说，每一个症状都是有意义的。每一个主体都带着让自己感到痛苦的症状，而症状的背后，主体里有一个享乐的念头在那儿（男友的陪伴）。

Part 2
克服恐惧感的方法

下面我列举几个简单有效的方法，来帮助克服恐惧感。

第一，面对它。持续逃离、回避害怕的情境，只会助长恐惧。我们慢慢地、一步一步地去靠近恐惧。持续地练习“暴露法”（在咨询师或者熟人帮助下循序渐进地练习），让自己去复原，直到从恐惧中走出来。

第二，自我对话。处于恐惧情形时，会有“我受不了”“我不想待在这里，无论如何我要离开”等内心感受，可尝试用另一个声音告诉自己“放松”“深呼吸”“这只是想象，没有什么危险和可怕的”。通过这样不停地对话，来缓解紧张情绪。

第三，视觉冥想。首先选一张自己喜欢的照片或风景画，或者让你感到放松的记忆画面。当感到情绪紧张焦虑时，闭上眼睛，让自己脑中浮现这幅画面，注意力集中在画面上，情绪会慢慢平稳下来。

第四，运动。运动是一种自然疗法。运动时，会产生更多让人感到幸福的内啡肽，这样能改善抑郁状态。

第五，表达内心感觉。因为害怕失控，有焦虑倾向的人会压抑自己的感受。所以，学习辨识、表达、分享自己的感受很重要。当恐惧感来临时，不得不面对一个自己害怕的情境时，可以讲述出来：我此时此刻很害怕，我不想要这种情绪，我不想让它限制我、控制我。

这不是懦弱，而是勇敢地直面。哭泣是上帝赋予人们的表达内心情感的方式，哭泣，是释放恐惧和激烈情绪的“安全阀”。因为哭泣，那些仿佛在高压锅里被禁锢的情绪便能得以释放。

Part 3
如何缓解抑郁和悲伤

通常，应激事件或混乱情境会引起人们抑郁的情绪，让人们精神萎靡不振几小时、几天，甚至几个月。但这并不意味着有精神障碍，人们可以维持正常的社会功能。然而，如果抑郁伴随有更多的破坏性行为，持续一年或者更久，给生活带来困扰，状况变得越发绝望，此时的抑郁就是病态的，需要寻求专业帮助。

需要更深入地说明一下，抑郁症状的严重性是一个逐步发展的过程，没有明显的界限区别。由轻微、短暂发展为持续时间更长，会有一个匀速渐进的过程。所以，留意自己的心理状态，可以预防它往更糟糕的方向发展。

这还有另外一种解释。人们会给自己戴上一个幸福而满足的人格面具（荣格派的理论），在外显的笑脸背后，可能是抑郁和愤怒的情绪。虚假面具下的人，愤怒不会因为压抑得到平息。那么，愤怒去哪里了呢？愤怒为自己找了一条看起来不那么危险的路，就是将愤怒发向自己。久而久之，人们开始痛恨、贬低、蔑视、指责、惩罚自己，走向极端时会有自我毁灭的行为和想法。

还有可能患者不是害怕，而是找不到填充自己情感兴奋的人际关系，内心情感兴奋不足，导致抑郁。

总结说来，可以将抑郁描述为“自身系统”扩展的萎缩。导致这种萎缩的，既可能是冲突导致的心理压抑，也可能是发育环境本身的支持性的不足。

举个例子，通常人们见到我会表达：“生活毫无希望，我没有必要活着。”“失去他（她），一切都没有意义了。”“我是一个loser。”“没有人在意我，关心我。”人们会把某一个让他绝望的情境放大，认为所有一切都是绝望的。弗洛伊德在这一领域的经典之作《哀悼与忧郁症》中，将忧郁症描述为“深远而痛苦的沮丧感，对外界不感兴趣，失去爱的能力，所有的活动受到抑制，对自我的关注减少，有时候减少到极端妄想的程度”。

我们再谈一谈抑郁状态，它并不是指病理上的抑郁症。我们每个人一生中都有过“抑郁状态”的体验，每个人会有自己熟悉、惯常让情绪好转起来的方法，无论是运动、找朋友支持、购物、参加娱乐活动，还是文字表达和情感宣泄。

Part 4
案例分享

在此，跟大家分享一个案例，可以更清晰地了解抑郁的起因、发展和改善的过程。这是一个在婚姻中出轨，导致与丈夫关系产生隔阂，有自残、自杀行为，有抑郁倾向的女性。

当她找到我开始咨询前，她已经尝试过两次自杀，一次比一次更靠近死亡。她告诉我：几个月前出轨被老公发现，我想和老公好好生活，他没提出离婚，但是也不理我。我每天假装开心，很是痛苦。我觉得全世界都否定了我。我不知道如何与他交流。他放不下出轨的事，我希望他能主动关心我。我想有所改变，让他看到一个新的我。我每天控制自己的情绪，但是很困难。我们每天的交流很匮乏，我也怕自己说错话。

解读：应激事件引起的生活无望感，触发了要做出改变的决心。因为自己处于错误的一方，内心的羞耻、自责同时折磨着自己，既想要讨好挽回关系，又感到无助无望。

接着她谈起了自己的个人成长经历：父母重男轻女，因我是个女孩而失望。爸爸会打骂我。他与妈妈吵架，摔东西。我恨他，有时觉得我不是他亲生的。被打后，我很不开心，一个人在外面待着。从小到大，我都羡慕别人有爸妈疼。我的家长会没人参加，父母都去赚钱，不问我的成绩，我考得好，拿奖状，他们也没有开心。我感到难过，怨恨。

为了引起他们注意，初中时我变得叛逆，爱惹事，即使这样，他们也很少理我。高中前，他们真正和我在一起也就是2年的时间。对于童年我没有记忆。为什么父母不直接把我掐死呢？他们只疼我的弟弟。我恨他们没有参与我的成长。

解读：缺乏父母的关爱，使得她做出想引起父母注意的事。即使如此，也没有能够引起父母注意，最终放弃。她坚信父母不爱自己。这份爱的缺失，使她一直在寻找一个可以关爱自己的男人。同时，内心并不信任先生对自己的爱，会有质疑和不确定。对爱的缺失，也使得她需要寻找更多的爱来填补内心的空缺。这是一个很常见的情形，支持性响应的不足导致她的创伤累积，造成亲密关系的困境。

她谈到对于现状的理解，对于死亡的看法：我控制不住往坏的方面想。我想和先生沟通，可是先生每次很久才回复我。我希望我们之间多一些互动。我经常会脾气暴躁，不顺心就想摔东西发泄、玩游戏、自虐。身上疼，就不会觉得心里疼。我觉得我们的关系不对等，他在怜悯我。

先生不和我谈彼此的情感，我们的交谈就像一杯凉水，而他还在拼命往里面加冰块。我现在平静很多，像暴风雨前的平静。我没有活着的理由。我死后，要捐赠器官。之前他不见我，我割腕。看到血流出来，我不觉得痛，希望越流越多。

解读：因为爱的缺失，没有安全感，没有活着的意义和希望。所有做的事，从发生出轨事件，到后来尝试自杀，都让人感到她在做着一件事——一心向死。爱的缺失是一切不幸与痛苦的源头。

在咨询中，来访者与咨询师的关系是影响治疗效果的一个重要因素。

下面是一个对话片段，也许你能对此有些认识。

她：我对自己都很失望，何况先生！我毁了这一切。我不想来咨询了。

咨询师：听起来你好像拒绝做一些尝试？

她：我感到害怕，和先生在一起我感到快乐，他像父亲一样照顾我，我怕失去他。我看不到希望，我和先生的关系没有改变。

咨询师：最初，先生和你一起来时，你们谈到，关于你自己的部分，你需要改变的部分。

她：我觉得自己可怜，现状是我造成的。我觉得孤独，无法解决的困境。我不清楚自己是什么样的人。

解读：我不清楚自己是什么样的人——或许正是这点，是一个人在寻找关于自己

的部分。

整个治疗还在继续，中间还会经历一些反复和波折。那些被她的父母所否定的部分，所辱骂的内容，似乎否定了她作为一个主体的存在意义。而抑郁带来的自杀行为，似乎是主体存在的证明。如果仅仅是催眠或者药物治疗，可能会消除症状，但将不会长久。

因为真正的改变只能来自于内部，在一个专注的、可信赖的心理治疗师在场的情况下，治疗师就是来访者的精神工具。在这场相遇里，一起去理解让人痛苦的部分。

下面这篇文章，是我的督导老师——知名精神分析师Claude Schauder（克劳德·肖德尔）教授为我的分享及全书的主题——“幸福”，所贡献的一篇文章。感谢肖德尔教授！

关于幸福，生成象征化阉割和后现代的一些人类学以及精神分析的思考

作者：Claude Schauder (Strasbourg)　　翻译：邓兰希

[Claude Schauder 克劳德·肖德尔：ALDA 主席（宣传法国精神分析学家多尔多）、海牙国际刑事法庭专家（荷兰）、La Maisonnee 创始成员（斯特拉斯堡儿童之家创始人，《阅读多尔多》协会主席）、斯特拉斯堡大学心理学临床心理学博士、教授、博士生导师、精神分析家、督导师。

著作有《城中的精神分析》《多尔多于儿童精神分析治疗中的移情》《阅读多尔多》《时光絮语：幸福的另一种解读》《传承与权利：在现时家庭中的位置》]

正如有些人曾经预料的那样，我们的后现代社会已经展开了它关于幸福的计划。

为了达到这个野心勃勃的目标，我们的社会在一定程度上重新定义了“幸福”一词，它被限定在一个我们或多或少都能够轻易获得的范围之内。幸福就这样变成了一种消费品，每个人都有权得到。

贷款使家庭和机构长期陷入负债的状态，同时药物学的长足进步使得，不仅是成年人，甚至连儿童都不能幸免于这样一种基于法令（ordonnance[1]）的“幸福”； 无论这样的法令是药物的，还是司法的。

我们所观察到的能给我们揭示一个现状，“市场”（Marché ）已经成为我们社会的主宰，其中的嬉皮士，1968 年反抗运动中的想要摧毁市场的西方学生，如今又卷土重来，甚至有过之而无不及。他们最强烈的诉求就是：释放那些长期被压制的欲望！

而这些欲望从此就转变成了消费品。市场对于如何引导，甚至强制人们走向实现需求这条道路的手段了然于心。在这条道路上，它顺便就将那些阻碍它的条例摧毁。在对欲望进行“促销”，以及清理所有欲望实现的障碍的同时，市场获得了大众的青睐，它将排列紧密的人们引向超市的收银台，或者购物中心，从此走上了“幸福的首都”（超市）这条道路。

也正是如此，像广告允诺的一样，让我们摆脱所有的限制，不再去考虑理性和禁忌。我们被一个巨大的声场所包围，轻易地就将我们俘虏，就像我们的手机套餐一样，就像我们的享乐一样，要及时，要无穷无尽。“No Limit”在世界上的很多地方都成为一句交流载体的口号。流行餐厅会给你建议一份特价套餐，吃到你不能吃为止。

在电视上，广告公司告诉我们：“和那些被剥夺所爱的日子说再见吧！”一个以洗白闻名的洗衣粉品牌，嘱咐我们不要再（对自己的欲望）犹豫不绝。“理智些吧，带着激情去生活”这句口号不再是一种矛盾修辞法。

当下，但凡一件事情在技术上有实现的可能，那么每个人都感觉应该拥有它。这也就解释了今天制药学研究的产品的成功，因为这些产品帮助你提升了你的表现，无论是在床上，还是在自行车上[2]。“既然科学能够实现，那么我就有权享用”这样的想法看上去是一种信念，深深地根植在我们诸多的诉求之中，看上去有那么一点疯狂，寄望着生物学家、产科医生、生育专家能够以药物的方式来安排和实现我们的愿望。

我们同样也知道，今天我们能够实现在不久之前还是基督教创始人传说的幻想：以处女之身，生下一个孩子。

1.Ordonnance，在法语里有法律决定的意思，同样有医生开具的处方单的含义。——译者注

2. 环法自行车赛每年爆出的兴奋剂丑闻都会成为法国人民乐此不疲的谈资。——译者注

在西方，拥有一个孩子就好像必须是幸福的一样。有时，强迫的因素大于自由选择的因素，那么这种幸福就需要很快地被证实，要么通过行为，要么通过结果，或通过成就，当然，也通过他自己的言说（discours）。孩子的成长不仅仅是社会的需求，甚至写入了儿童权利公约。在公约中这样写道：

“确认为了充分而和谐地发展其个性，应让儿童在家庭环境里，在幸福、亲爱和谅解的气氛中成长。”

那些苦恼的情况便不再被容忍。至少那些成年人认为，诸事不顺，没什么是完美的，哪怕他们用尽全力去满足孩子们所要求的一切，但是幸福却总是没能如期而至。

邓兰希的研究表明，甚至是从这一点出发，人们选择了只要一个孩子，而不是多个孩子。独生子女身上背负了他们父母所有的期望，而且需要通过他们的成就来表明自己有多幸福，从而使得他的家族能够感到幸福。

但是我们的临床案例同样也向我们表明，这些扮演了父母理想化幸福的孩子，有时很难去承受这份重担，甚至他会因此非常痛苦，进而因内疚和羞耻而致病。

我们同样注意到在某些情况下，父母的苛求伴随着一种享乐的指令。这种苛求会很快地支配孩子的整个存在，而且也会让孩子周围的人去遵守它的严厉法则。如果没有真正的第三者（tiers）或者一个象征性的形象来制定规则的话，这种对享乐（jouissance）的追寻，这种对孩子来说假设的幸福，就会变成所有家庭成员的首要目标。而这种追寻会变成一位暴君，将孩子变成他的第一位牺牲品。欲望的缺失，未被满足的渴望的缺失，甚至是缺失的缺失，孩子就被遗弃在这样一种贫瘠的极乐世界中。被剥夺了被多尔多称之为“使象征化产生（symboligénes）的阉割”，而这些象征化阉割正是我们产生欲望的条件。

临床同样向我们展现，以填满孩子的欲望、预料他们的需求、避免他们受到挫折和感到沮丧为目标，后现代的社会剥夺了孩子们产生欲望的权利，让这些欲望无法展开，无法明确。由此，后现代的社会同样剥夺了这些孩子对升华的探索和发现，而正是这样的升华能够帮助这些孩子们从最原始的欲望中解脱出来。

我们都知道所有这些被“爱”甚至是被“溺爱”的孩子并不一定会出现病理、成瘾、长期抑郁或者是违法犯罪程度的问题。但是这些问题经常出现在那些被剥夺了对欲望进行思考和表达的人的身上，他们被剥夺了从本能中走出来的路径，原本这条路径可以经由他们自身所发出的需求而到达。他们中的很多人渐渐地适应了这样一种社会模式，建立在消费和贷款上的即时满足感，表达了人们对于挫折的拒绝。2010年美国的次贷危机很好地向我们展现了这样一种模式的必然结果，我们甚至不需要是先知，就能预料到这种模式一定会再次给人们带来悲剧。我们有理由担心，在不远的将来，这样一种主动被奴役的状态会给我们带来什么样的伦理和心灵的没落，而这样一种状态也会给人们深深地烙上“品牌的烙印”。

这些孩子，有的会被送往心理治疗师那里，因为他们情感淡漠，没有学习动机，没有需求，没有提问，没有计划，没有生的喜悦；他们仅仅只对电子游戏感兴趣，而电子游戏并不需要任何创造力，通常只是暴力的一遍又一遍重复。

一个关注他们、关心他们感受的对话者所能做的工作，在有些情况下，比那些假设的幸福、假设的享乐，能够更好地帮助他们找回自己的欲望，甚至找回他们的本能。这些他们从未体会过的方式，能够帮助他们重新认识到自己的需求，以及自己的缺失。一旦摆脱了父母的幻想，他们就不再是一个享乐的客体。

有的儿童则会通过早期关系障碍或者行为障碍的方式来表现他们的痛苦。他们中的大多数，是被他们过分担心或者被激怒的老师指出有问题的，要么是因为他们在课堂上注意力不集中，要么是因为他们易被激怒，不合群，学习困难。一旦出现这些情况，最好是能让他们用药，如果情况允许，就让他们接受认知行为疗法的行为再教育，这种疗法基于的是巴甫洛夫的条件反射学说。

我们现今的社会是深谋远虑和装备精良的，越来越多、越来越复杂的化学分子可以使我们变得开心，大众对它们的名字很熟悉：“快乐的药丸”，它们能够使人产生愉悦的感觉，兴奋，同时会阻碍人们去体验到诸如尴尬、沮丧、悲伤、愤怒、绝望或是焦虑。所有可能会扰乱成人安宁的因素，都会进入医药实验室的注意范围，他们可以借此赚上一笔，在全世界，有几百万人在使用哌醋甲酯，也许你们见过它别的名字：利他灵或者专注达，又或者类似分子构成的右旋苯异丙胺。这样的药物是在诊断为精神疾病的特定条件下使用的，但是现在却越来越多地在没有鉴别以及没有心理治疗的陪伴下进行使用。这些药物令人生畏的效力，将那些躁动的孩子变成了一个个老实的好学生，将那些心不在焉、多话的孩子，变得遵守纪律。当然，仅仅是在药物起效的那段时间里面！如果这些药物消除了影响、也就是说消除了症状的话，并不代表它们能够消除这些症状的起因，甚至在很多情况下，会产生十足的药物依赖。同时弗洛伊德将这些药物巧妙地称为“问题破坏器”（ Sorgenbrecher ）（Freud，1929/ 1986，p.23）。

需要指出的是，正如我们上面提到的，这些对药物的需求是来自于那些筋疲力尽的老师，但同样，这些需求也会来自孩子成功的把戏。由于这些药物的广告包装是如此完美，孩子会自发地提出要求服用这些“听话的”药丸，这样他们就可以戴上面具不看这个世界，戴上口罩不向这个世界倾诉。这些小小人儿的问题从一开始就铭刻在语言中，但是却没有一声真实的话语指出他们自身的存在，进而帮助他们在没有过多焦虑的情况下成长。

最后还要注意的是，这样一个有着商品回收和再利用策略的工业社会，同样会对那些不合时宜的情绪反应进行如此的再利用。这些情绪反应我们称其为“注意力缺乏障碍”“多动症”“反抗挑衅障碍”。这些工业的策略让我们通过药物而避免一种深度的思考，去思考这些情绪反应的真正起因。如果这些药物的发明还不能完全解释这些行为上所表现的痛苦的话，在当下的市场推动下，我们的药品工业就绝对不会放弃将它们的触角伸向更多角落的努力！

结语

这就是我想要和大家分享的，一些在市场统治下的关于幸福的思考。

很明显，这样一种情况是让人忧心的，同时也代表了制度、专业人士、还有家长们的态度，让他们不能掉以轻心。我们不能仅仅着眼于痛苦的根源，同样需要小心那些声称包治百病的神迹。

现在需要有识之士来思考关于主体的得失问题了，社会已经很清楚地表明我们是如何走到这一步的，更向我们表明了，未来的人的主体建构是如何被抵押出去的，基于我们社会新的信仰：对利益的渴求。

对我们这些精神分析师来说，我们不能仅仅是去顺应那些修改的需求、纠正的需求，让那些处在痛苦中的孩子“正常化”的需求；我们要做的是赋予他们的症状，特别是他们的行为障碍一个言语的维度，给他们的抱怨等同于危机警报的信号和呼唤的意义，而这个危机正窥伺着他们所属的整个社会。

ML

CHAPTER 2

生活中的小确幸

邱泽弘

Hong Workstudio 创始人，FGA 英国皇家珠宝鉴定师，师从香港珠宝学院院长、中国“翡翠夫人”欧阳秋眉先生。

Hong Workstudio 主营红蓝绿宝石以及彩钻等名贵品种，旨在为客人订制可传承的珠宝。目前已与全球多家原产地宝石供货商建立长期合作关系，在日本、中国香港拥有专属研发设计团队及合作工厂。

女人与彩色宝石的“奇妙之遇”

话题

这个话题，是姐妹课堂开播以来转发率和关注度最多的话题，可见女人们对于宝石的热爱确实“来源于骨髓”。泽弘是珠宝鉴定师，也是收藏家，她收藏的珍贵珠宝可谓“珍馐满堂”。今天分享的话题，是她与彩色宝石的“每日物语”，也开启了无数姐妹与彩色宝石的“奇妙之遇”。

大家好，我是邱泽弘，Hong Workstudio 创始人。我在珠宝和艺术品收藏之路上走了很多年，也因此结识了许多志同道合的好友。大家都在追求美的道路上不断努力，时常分享美好生活中的丰富繁盛。感恩能够从事这样一个美学行业，每日都与美好之物打交道，也认识了很多有趣好玩的人。

生活不是日复一日的简单重复，许多时候，珠宝成为日常生活中的仪式感。每一件珠宝都有故事：或许见证人生重要的场合，或许是代代相传的爱的礼物，或许是一份美好的祝福，或许是自己辛苦努力的犒劳。从事这样的职业，时时看到客人幸福的笑脸，分享着幸福的喜悦。

Part 1
宝石的分类

关于珠宝，日常我们比较熟悉的有红宝石、蓝宝石、祖母绿、钻石、碧玺、海蓝宝石、坦桑、石榴石，还有一些相对小众一点的宝石如尖晶石、翠榴石、沙弗莱、金绿宝石、锰铝榴石等品种。其中红宝石、蓝宝石、祖母绿、金绿宝石、钻石我们称为“五大贵宝”，其他的品种我们称为“半宝石”，为什么这样区分呢？

1.美丽性：古代怎么认定贵重的玉石呢？“美石为玉”，所以我们自古喜欢翡翠、和田白玉。彩色宝石因为颜色的丰富多样，备受国际上的王公贵族、社会名流追捧，现在中国市场也慢慢开始接触彩色宝石，因为它的装饰效果特别好，亮晶晶的很吸引眼球，大家都觉得漂亮的东西，受追捧就多，自然就会有它的价值在里面。

2.稀缺性：有些石头很漂亮，可是因为产量太大了，市场价格不会太高。五大贵宝每年的产量非常有限，又受全球富豪的追捧，所以价格一直很稳定，可以说是珠宝界里的硬通货。很多国家除了黄金储备，很大一部分的财富是用珠宝来储存的，比如中东王室、英国皇室，都有相当惊人的珠宝收藏。

半宝的产量相对来说较多，但有一些特别的品种，因为只有唯一的产地，目前矿产资源也已经很稀缺，价格一路上涨，直追贵宝。我觉得如果认真分析产量和宝石本身的条件，有一些品种还是有比较好的投资机会的。

3.耐久性：珠宝是否容易保管，和宝石本身的硬度和稳定性都有关系。我们知道钻石的硬度是10，所以有“钻石恒久远，一颗永流传”的说法。红蓝绿宝和金绿宝石的硬度都是9，它们本身的硬度条件决定它们容易保管，可以作为财富的象征，也可

以传世。所以它们的价值也从价格上得以体现。

4.市场追捧：比如帕拉伊巴，它是“碧玺之王”，主产地是巴西和莫桑比克，现在巴西几乎没有产量了，只有莫桑比克产地还可以持续供货，顶级的巴西的帕拉伊巴价格已经炒到和贵宝单克拉价不分伯仲，所以市场追捧也是一个很重要的因素。

Part 2
如何选择适合自己的珠宝

如何选购珠宝，大部分人的珠宝收藏分为两类：一种作为日常佩戴用途，另一种则是投资收藏，希望所选择的珠宝能够保值、增值。

先谈谈日常佩戴。25岁之后的女生我都建议至少认真挑选一件有质感的珠宝，不要再戴所谓的时尚搭配饰品。玛丽莲·梦露曾经说过：“珠宝是女人最好的朋友。”一件精致有质感的珠宝绝对可以为女生的整体搭配加分，所以挑选一件好搭配又能提升个人气质的珠宝首饰是一个很划算的投资。

个人推荐：入门款首选珍珠

我从十几岁开始就很喜欢珍珠，人们将珍珠称为“宝石中的王后”，将其视为纯真、完美、富有、尊贵和权威的象征。历代的帝王将相和富贵人家无不以收藏和拥有美丽的大珍珠为荣，珍珠不仅可以用于装饰，还是美容护肤的佳品，女生多佩戴珍珠对皮肤和健康也有很大的好处。

珍珠按出产水域的不同分为海水珠和淡水珠，一般来说海水珠的品质会比淡水珠更好，价格上也是如此，好的海水珠价格远超淡水珠。根据珍珠的体色不同，我们把珍珠分成三组：浅色组、黑色组和有色组。浅色组就是以白色系为主，黑色组包括一些深暗色调的珍珠，如纯黑、灰黑、暗绿、古铜等。此类珍珠主要来自大溪地一带的海域，长期以来一直是相对名贵的品种。市场上除了天然色之外，也常见人工染色或者辐射改色的“黑珍珠”，购买的时候要小心甄别。有色组最常见的是金色，此外还有绿色、蓝色、紫色等，具有金黄色色调被称为“金珠”的，则是当前市场上价格最为昂贵的珍珠，其他有色组珍珠价格不见得高于浅色组。购买此类珍珠要注意人工处理的问题。

除此以外，珍珠的价格还受形状、光泽、透明度、大小、瑕疵和匹配度等因素影响。简要来说：这几个指标越好，珍珠的价格越高，在购买的时候最需要注意的是珍珠的皮光，爱珠宝的人喜欢“珠光宝气”，珍珠层越厚、质地越紧密，其光泽越强，皮光好的珍珠反射光明亮、锐利，像小镜子一样映像清晰。珍珠的伴色对搭配效果也有很大的影响，以白珍珠为例，粉色的伴色更衬托肤色，银灰色则显高贵大方。此外珠子的直径也是影响价格的重要指标，珍珠有“七珠八宝”的说法，即超过7毫米的珠子我们称为珠宝级，日本的akoya珠子最大就有10毫米左右，南洋珍珠可以达到十几甚至二十几毫米，当然，珠子越大价格就越高，直径超过6.5毫米，价格呈几何倍数增长。

日本是珍珠出产的大国，国际上珍珠是以日元计价的，日本鉴定所鉴定珍珠的经验最丰富。这几年日币汇率上涨加上中国市场的大量购买，珍珠的价格也是不断地攀升。戴安娜王妃曾经说过：“如果女人的一生只能拥有一件首饰，那就是珍珠。”充分体现了珍珠在她心目中的地位，白珍珠和小黑裙一样是最百搭的款式。

珠宝收藏，建议集中资金买一件

接下来谈谈珠宝收藏。很多人收藏珠宝看重的是保值增值，所以这个时候我给的建议是能力范围内买最好的，集中资金买一件。珠宝能够增值的前提是够稀缺，所以珠宝投资也是有门槛的。和其他投资方式一样，资本越大，获得的回报越高。矿产资源属于不可再生的稀缺资源，又便携好保管，一直是财富配置的重要手段，所以好的稀有珍宝只会越来越贵。能力范围内，集中你的力量好好买一件，把未来几年的量买足，如果你在投资珠宝的时候不够心疼，那就只能说明你还没买够，买能力范围内最好的，争取一步到位。如果一次性不能配齐一套，可以一年买一件，用几年的时间配齐。

投资的品种我也给大家列一些选择。

1.红宝石：一直是贵宝里的王牌，硬通货，缅甸产地产量稀少，而且价位极其昂贵，目前市面上主流的红宝石来自莫桑比克产地。投资建议：3克拉以上缅甸或莫桑比克产地的红宝石。

2.蓝宝石：蓝色系这两年非常受追捧，市面上大克拉的、颜色好的越来越少，我稍后会以蓝宝石为例来做一个讲解。投资建议：5克拉以上的蓝宝石，以克什米尔产地的最佳。

3.祖母绿：前年开始价位一直飙升的宝石品种，中国市场一直对绿色情有独钟，祖母绿目前在中国市场占有率还不高，而且业内的大公司开始大量囤积这个品种的货，未来大概率上涨。投资建议：5克拉以上的哥伦比亚产地的精品祖母绿。

4.彩色钻石：自从刘銮雄2015年豪掷5.9亿港币给他的女儿买了一颗16.08克拉的粉红钻和一颗12.03克拉的蓝钻之后，国内的富豪也开始更多地关注彩钻这个品种。个人建议是，如果做投资配置，选择更稀少的彩钻比白钻更有上涨潜力。照产量来说，粉红钻的产量大概是钻石的几十万分之一，而且高级别的彩钻属于艺术品，不论切工还是价值都独一无二。

全球粉红钻90%的产量出自澳洲阿盖尔矿，每年出产的50分以上的粉红钻都极其有限，该矿的设计开采年限只到2020年，但彩钻的形成需要几亿年，所以一旦该矿停产，全球的粉钻可能面临大涨价的局面，所以我还是很看好粉红钻的投资前景的。投资建议：1克拉以上的粉红钻石。

5.帕拉伊巴：是一款我一见钟情的宝石。帕拉伊巴的颜色从湖水绿到海天蓝都有，火彩非常好，用我自己的话来说，属于一款不需要借光就能够让人一眼注意到的宝石。好多年前我第一眼看到这块宝石就被它深深地迷住了，那时候都是藏家和行家在玩，国内了解的人并不多。这几年随着市场的开放，追捧这个品种的人越来越多。投资建议：1克拉以上的巴西帕拉伊巴或者5克拉以上的莫桑比克帕拉伊巴。

Part 3
以蓝宝石为例，手把手教你选购

介绍完了宝石的品种和投资的建议之后，我以蓝宝石为例子，谈谈如何选购。相信很多人对蓝宝石的认知是从戴安娜王妃的结婚戒指开始的，现在这枚号称戴妃款的蓝宝石已经传承给凯特王妃。

1.颜色：任何彩色宝石的选择，首先颜色一定要正，色彩浓郁，饱和度高。和翡翠的概念类似：色阳和色偏，同样大小，价格可以差别几倍甚至几十倍。一般鉴定所只对石头品种做鉴定，不做颜色分类，GRS人为又做了皇家蓝、矢车菊蓝、vivid blue等颜色分类。皇家蓝偏深色，更深邃，有些人喜欢更明亮欢快的蓝色，觉得皇家蓝沉闷一些，但也有一些人迷恋这种深邃神秘的颜色。这个只能说因人而异，很难说哪个更好，看个人喜好，不必非要迷信这个名称。所有的证书都是辅佐，真正的好珠宝本身就会说话。也有很多人问怎样看颜色，其实对颜色的感觉需要长期的观察和积累，多看各种艺术品的颜色搭配，多观察油画和大自然的颜色，多看好货和精品高档货，慢慢就会积累眼力， 看颜色就会更加有经验。

2.晶体：蓝宝石内部常见色带分布，这是该种类的显著鉴定标志。但是切割师傅一般会尽量避免色带在台面显著的位置，影响视觉效果。观察色带的形状可以帮助鉴定师判断是否有加热处理。晶体会影响蓝宝石的价格，所以尽量挑选晶体干净、内包裹体少、火彩明亮的蓝宝石。

3.关于优化处理的问题：红蓝宝的加热 、祖母绿的入油情况很多人很在意。一般来说，无烧无入油的更难获得，因为天然漂亮的很稀少。但是大克拉无烧、颜色漂亮的价格不菲，要很有实力的藏家才能负担，所以我觉得几个因素权衡的时候不一定非要执着于无烧，毕竟佩戴效果上颜色漂亮、设计有美感最能体现珠宝的价值。考虑优化处理的问题时要注意是否采用铍扩散处理。

4.关于克拉数：所有的宝石都一样，能力范围内越大越好，因为越大越稀少。不可再生资源形成要千百万年，不像房子拆了可以重新盖，宝石跟古董艺术品一样，只会消耗，增加产量的速度很慢，可获得性越来越低。随着经济发展，追捧的人越来越多，价格也会越来越高。

5.设计感：好的珠宝需要好的设计师锦上添花，好的设计感可以最大程度地展现裸石的美貌，并且让成品能够自然地和佩戴者融为一体。新颖大方的设计也是吸睛利器，除了注意宝石本身的品质，一位优秀的设计师，更可以赋予一件珠宝生命和灵魂。

6.最后一点也是最重要的一点——和选男朋友一样，自己喜欢最重要。珠宝收藏和其他金融投资不同，有实物呈现，可以佩戴欣赏，也可以传承给子女，所以符合自己的眼缘很重要。第一位考虑自己喜欢，才会多佩戴，这是我一直推崇的理念。宝石是大自然的馈赠，千百万年才能形成的美石一定有灵性，会跟自己喜欢的主人走，所以要挑自己最喜欢的，好好爱护，互相滋养。

最后，引用我很喜欢的蔡澜先生的一段话来结束分享：下棋、种花、养金鱼，都不必花太多钱，买些悦目的东西，玩物养智：吃一点好吃的，玩一点好玩的，不然对不起自己。

人生苦短，不如任性过生活。

{金语}

1. 玛丽莲 · 梦露曾经说过：“珠宝是女人最好的朋友。”一件精致有质感的珠宝绝对可以为女生的整体搭配加分，所以挑选一件好搭配又能提升个人气质的珠宝首饰是一个很划算的投资。

2. 珠宝能够增值的前提是够稀缺，所以珠宝投资也是有门槛的。和其他投资方式一样，资本越大，获得的回报越高。我给的建议是：能力范围内买最好的，集中资金买一件。

3. 珠宝收藏和其他金融投资不同，符合自己的眼缘很重要。第一位考虑自己喜欢，才会多佩戴，这是我一直推崇的理念。

孙 薇

“斗峰苑”禅茶创始人，“问茶寮”寮长，“茶声”僧侣表演秀策划人。北大校友，极致茶人，民乐爱好者，主张“唯茶唯心”，希望用通俗易懂的表现手法，将传统的禅茶文化融入到日常生活中。

禅茶，你想象不到的神妙秘境

话题

这个话题，从开设姐妹课堂开始，就一直寻觅最有发言权的分享者。很幸运，邀请到了孙薇。她卖茶，不按茶来卖，而是上升到文化和内涵，结合环境和心境，实在高明。这堂课，不是让你去买茶，而是给你一个选择，一个更亲近内心、更贴近自然的选择：禅茶。

大家好！我是孙薇，很高兴与大家一起探讨禅茶的神秘。我们常说：开门七件事，柴米油盐酱醋茶。“茶”作为一种饮品，千百年来已成为家庭生活的必需品，中华民族自古传承“客来敬茶”的礼节；文人墨客也留下很多关于茶的描述，于“品茶”之事更是赋予了很多附庸风雅的泡茶工序，又衍生出很多茶品、茶事，延续着文化的传承。从柴米油盐到皇家贡茶再到茶道、茶文化，茶这种物质创造了太多的传奇，这样看来，世间万物唯茶可雅俗共赏，既能登得高雅之堂，亦可入得寻常百姓家。所以在开始今天的禅茶之前，我们先来说说茶。

Part 1
人在草木间，茶的起源

大家想一下“茶”这个字，写出来就是“人在草木之间”，我倒是觉得这正是茶的秘密，无论都市的高楼与烦躁，一杯清茗在手，便仿佛置身于自然之中。而茶的起源也是充满传奇的色彩，相传“神农尝百草，日遇七十二毒，得茶而解之”，说的是神农氏有一个透明的肚子，吃下什么东西，人们都可以从他的胃肠里看得清清楚楚。

于是他尝遍百草，观察它们在肚子里的变化，从而判断是否有毒。一次偶然，正当他在煮水歇息时，一种开白花的绿树嫩叶飘入水中，水变成了黄绿色，喝过之后，发现这种液体所到之处，将体内的污垢擦得干干净净，因了这个缘故，神农氏起名为茶（当时意为：擦），据东汉许慎《说文解字》讲：“荼，苦荼也。”

到鲁周公时期，开始设立“掌茶”官职，就是专门掌管茶叶的。此后的历朝历代，进贡清单中“茶”成为必不可少的贡品，有句佳话：“大红袍产自福建，建安北苑凤凰山，岩茶披红十二棵，棵棵只为皇家生。”这里的建安就是现在的福建建瓯市，也就是我的茶山所在地，北苑则指的是宋代的贡茶产区，在当时建安县吉苑里。

茶的分类

茶圣陆羽《茶经》中讲：“茶，乃南方之嘉木也。”事实上，我国南方地区茶叶品种较多，通常来讲茶有六大茶系：绿茶、黄茶、乌龙茶、红茶、黑茶和白茶。

从发酵程度上来看绿茶为零，完全不发酵，代表茶为：龙井、毛尖、雀舌、太平猴魁这些，在江浙、安徽等地生长，性寒，适合夏天饮用。黄茶发酵度为10%~20%，代表茶有银芽、黄芽等，在四川、湖北等地生长。乌龙茶又叫青茶，属半发酵茶，是介于绿茶和红茶之间，既有绿茶的鲜浓，又有红茶的甘醇，叶片中间为绿色，叶缘呈红色，有着“绿叶红镶边”之说。比较熟悉的有铁观音、大红袍、洞顶乌龙等，性温和，生长于福建、台湾一带。

红茶则为全发酵茶，像祁门红茶、滇红，还有比较名贵的金骏眉等，生长于广东、福建、江西一带。黑茶为后发酵茶，像大家熟知的普洱就属于黑茶，普洱又分为生茶和熟茶，生长于云南地区。

最后一种是白茶，也是属于轻度发酵茶，但是比黄茶发酵度要高，介于20%~30%，代表茶有白牡丹、银针等，产于福建和宁波。

Part 2
禅茶一味，禅与佛的渊源

最早，茶以药之名发现，而后成为饮品再到茶文化的延伸，开始于两晋南北朝。那时仅流行于皇宫贵族及文人墨客之间，后慢慢进入寻常百姓家，唐朝陆羽的《茶经》成为迄今为止世界上现存最早、最完整、最全面的茶叶百科全书，也是从唐朝开始有了“斗茶”，直到今天。

斗茶是一种比赛，评判茶之好坏，宋代达到鼎盛。所以，对茶及茶文化的发展，总结一句就是：“发乎神农氏，闻于鲁周公，兴于唐朝，盛在宋代。”

《茶录》上讲，其旨归于色香味，其道归于精燥洁。意思就是说，茶从本意上来说，色香味俱全，表面看喝的是它的味道，实际上，茶有茶道。这种“道”不是泡茶时的繁文缛节，而是指向人内心的一种典雅、清静和高洁的“道”，这正与佛教所倡导的不谋而合。

郑板桥曾有一副非常有名的对联：从来名士能评水，自古高僧爱斗茶。那么什么是禅茶呢？从字面本意上来看禅茶指的是僧人种植、制作、饮用的茶，不是单指哪个品种，也并不存在什么开光等，这里所说的是一种境界。我们常讲禅茶一味，禅指的“心悟”，茶就是说的饮品，“一味”则是心与茶、心与心的相通。这是传统文化的一种独特现象，茶与禅原本是两种不同的文化，但在不断的发展中相互渗透、相互影响，融合成一种新的文化形式，就是今天的禅茶文化。

禅茶精髓

禅茶文化传导的是一种精神：正、清、和、雅，即为“八正道、清净心、六和敬、脱俗”。其中“八正道”有两种含义：一是正确生活的一种标准，二是以禅的生活标准。“正见、正思维、正语、正业、正精神、正命、正念、正定”是为八正道。

这是一种积极向上的正能量，拿“正命”来说，就是要大家不做违法之事，切不可用损害他人利益的谋生方式来获得生存价值。是不是就告诉人们一种正能量呢？再看“正定”，就是说无论何时何地都要保持一颗平常心，不为外来事物所诱惑而迷失自己。

“清净心”，这个很好理解，就是保持纯净，一尘不染。

再来看“六和敬”，即为：身和同住、口和无诤、意和同悦、戒和同修、见和同解、利和同均。意思是：要大家和睦相处、和颜悦色、不贪利、不妄言。

“雅”，很好解释，情趣高尚、超凡脱俗、意趣深远、正而不邪都是“雅”；富贵不矜、贫贱不卑、出淤泥不染、做而无做、无做而做则谓高雅。

将禅茶的精神换作通俗易懂的释意，就是：感恩、包容、分享、结缘。

一杯小小的茶，与禅融合就有了这么多的说道，到底如何体现的呢？今天我只从禅茶的冲泡程序来讲一讲。禅茶的冲泡不同于普通的功夫茶，整套禅茶茶艺共十八道工序，每道工序都源自佛经典故，在品茗时可以启迪佛性。

禅茶冲泡十八道

第一道：礼佛【焚香合掌】，在静谧的梵乐中暂时放下都市的喧嚣。

第二道：调息【达摩面壁】，这里讲的是禅宗初祖菩提达摩在嵩山少林寺面壁坐禅的故事。这个环节可以理解为静坐并调息的过程，追求身心合一的境界。

第三道：煮水【丹霞烧佛】，这是丹霞天然禅师在慧林寺遇到天寒，把佛像烧火取暖的典故。这个时候会需要一名助手的帮助，在继续第二道调息的同时开始煮水。

第四道：侯汤【法海听潮】，指的是“法海潮音，随机普应”的感悟，就是要求在调息的过程中静静地听水的初沸和鼎沸的声音。

第五道：洗杯【法轮常转】，出自禅宗史书《五灯会元》，法轮在佛语中有两层意思，一是运转，二是摧碾，指的是可以摧毁一切世俗的邪恶，运转心中清净妙法得以度人。在禅茶的冲泡中，洗杯时眼前转的是杯子，心中动的是佛法，茶杯洁净无尘，代指心中洁净无尘。

第六道：烫壶【香汤浴佛】，这里讲的是佛诞日用香汤沐浴释迦牟尼佛像。将滚烫的水从壶顶浇下，代指佛无处不在，心即是佛。

第七道：赏茶【佛祖拈花】，也是出自《五灯会元》：世尊在灵山会上，拈花示众，是时众皆默然，唯迦叶尊者破颜微笑。借助这道工序，展示茶叶。

第八道：投茶【菩萨入狱】，地藏王菩萨说：“我不下地狱，谁下地狱？”“地狱中只要有一个鬼，我永不成佛。”投茶入壶，如菩萨入狱，赴汤蹈火，但泡出的茶水似菩萨度人。

第九道：冲水【漫天法雨】，热水沿着壶壁缓缓冲下，自壶底向上翻滚，茶随之旋转，微微升起的热气使人犹如沐浴春风一般。泡茶冲水如漫天法雨普降，指代：佛法无边，润泽众生。

第十道：洗茶【万流归宗】，这里讲的是茶原本是洁净之物，但仍然要洗茶，追求的就是一尘不染。

第十一道：泡茶【涵盖乾坤】，同样出自《五灯会元》。惠泉禅师讲：“昔日云门有三句，谓涵盖乾坤句，截断众流句，随波逐流句。”禅茶中蕴含包容万物的佛理，好茶之人当细品。

第十二道：分茶【偃溪水声】，出自《景德传灯录》。禅茶茶艺讲究：壶中尽是三千功德水，分茶细听偃溪水声。斟茶的声音就好像偃溪水声，细细感受可以启人心智，警醒心性，助人悟道。

第十三道：敬茶【普渡众生】，以茶为媒，从茶的苦涩中品出人生百味，达到大彻大悟，得到大智大慧。

第十四道：闻香【五气朝元】，“三花聚顶，五气朝元”是佛教修身养性的最高境界。在品茶时可做深呼吸，尽情感受茶的香气。

第十五道：观色【曹溪观水】，曹溪在今广东曲江县双峰山下，用曹溪水比如禅法，是希望人们在观茶汤色时有更深入的感悟。

第十六道：品茶【随波逐浪】，是第十一道“泡茶”中提到的 “云门有三句”中的第三句“随波逐流句”，指代自由自在地体悟茶中百味，感悟人生百态。

第十七道：回味【圆通妙觉】，品了茶后，对前边的十六道程序，再细细回味，就会圆通妙觉，大彻大悟。佛如我心，日常生活的点点滴滴亦可彰显佛性。

第十八道：谢茶【再吃茶去】，谢茶是为了相约再品茶。茶要常饮，禅要常参，性要常养，身要常修。

禅茶的十八道冲泡工序就简单介绍到这里，与其说是品茶，不如说是再享受一次与内心对话的旅程。

Part 3
走，吃茶去

读书期间，我有一次近距离感受禅茶文化的机会，瞬间就被这种肃穆感染了，那种仪式与清净心让我流连忘返。我的专业是文化产业经营管理，在做福建文化资源整合的项目时，我更加深入地领悟到佛教与茶文化的魅力。

也是缘分使然，10年前，我在福建南平认识了远智法师，一起喝茶，一起赏画，其中一幅画上面写着：“七碗受至味，一壶得真趣，空持百千偈，不如吃茶去！”这是前佛教协会会长赵朴初的诗句，兴起，聊起禅茶。那日，是我第一次登上大斗峰。

大斗峰在武夷山山脉，位于武夷山、建瓯、三明之间，行政管辖在建瓯，就是前面说的建安北苑凤凰山的建安。远智法师的寺庙宝积禅寺就在那里，建于唐朝，鼎盛时期达三千僧众，是皇家寺院，只是在历史的更迭中三毁三建，至今还流传着斗峰八景的奇妙传说。

那里没有经过任何的商业开发，方圆四公里没有人家，上山必须徒步，寺庙里没有电，夜幕降临只能点油灯和蜡烛。我喜欢那里，喜欢漫山的竹，喜欢干净的空气，喜欢山谷的云雾，但是那一次我并没有想留下来，吃过茶我就下山了。

回京后，我一直希望再去，除了再去感受那种宁静，更是萌生了做茶的想法。但是，我很清楚对于市场来说，茶叶没有统一标准，缺乏头部品牌，所以茶叶价格非常混乱，茶叶的品质也参差不齐。如果我去教育市场，需要大量的资金储备，那时的我还只是个学生，没钱没人脉没资源，单靠茶叶品质根本没有办法打开市场。

那时候还没有什么互联网思维，但是我认为做生意就得要先找到立命的魂，而后

佛

就是怎样让更多的人知道。我没有立刻着手，而是进行了长达半年的调研，做小众市场。

再见远智法师，我们确定了合作意向，我要做真正意义上的禅茶文化传播。既然是禅茶文化，就不能单纯地售卖茶叶。一定要做到融合。我没有专卖店，但是我将师父的寮房做成经舍，取名“问茶寮”，设立在寺庙的最深处。

茶事非茶市

福建茶叶品种众多，从当时的市场发展来看，岩茶大红袍的认知度呈直线上升趋势，所以我们选择了大红袍。茶叶的采摘是分时间的，我的茶只在每年5月、11月以预购的方式销售（可以简单地理解为：春季预定秋冬季的茶，冬季预定来年春茶），每次开放售卖50天，在开放售卖期间，寺庙会做49天的祈福活动，传统的佛事活动加慈善拍卖，以禅画为主。

再后来，我根据禅茶冲泡的18道工序，编排了真人秀表演，全程无任何对白，全靠音乐及泡茶技法展现，全部演员均为寺庙僧人。在49天的祈福活动期间，隔天晚上表演。

除两季开放购买外，其他时间均不售卖，但是可以到问茶寮喝茶，茶随便喝，茶钱随喜，想给多少给多少，不给也没关系。我并没有做任何的商业宣传，但是我的客户忠诚度非常高，就这样慢慢地拓展，复制了五家店，联合了五家寺庙。这五家寺庙都有着共同的特点：历史悠久、未经商业开发。

我这个模式，如果套用今天的话来说，应该就是小而美地用互联网思维运作的传统企业，也有着活跃度非常高的社群。但当时并不知道，总结一句“饥渴营销+用户体验+文化传播”好像还比较时尚。

其实，品茶也好，创业也罢，终不会偏离人性，急功近利要不得，稳扎稳打，创业路上几多险艰，各行“水土”不同，关键在于懂得程度，融入程度，还要有健康良好的心态。所谓各行有各行的性格，各行也有各行的行为准则，看我们如何去把控，如何去书写属于自己的传奇。

一次简单的分享或许可以给大家一点点启迪，春茶马上就采摘了，有机会邀请大家一同吃茶去。

{金语}

1. 我们所说的禅茶一味，禅指的“心悟”，茶就是说的饮品，“一味“就是心与茶、心与心的相通。

2. “七碗受至味，一壶得真趣，空持百千偈，不如吃茶去！”

3. 品茶也好，创业也罢，终不会偏离人性，急功近利要不得，稳扎稳打，创业路上几多险艰，各行“水土”不同，关键在于懂得程度，融入程度，还有健康良好的心态。所谓各行有各行的性格，各行也有各行的行为准则，看我们如何去把控，如何去书写属于自己的传奇。

杨梅ANY

京城好玩儿的花艺设计师，独立品牌创始人，曾服务过明星婚礼、大使馆晚宴、世界 500 强品牌店面等花艺设计和场景布置。长期混迹于 IT 圈，有近十年互联网行业从业经验，打过工也创过业，爱跑步、爱越野、爱玩儿，一直在不断探寻有趣好玩的生活方式。

花花草草的世界，总有属于你的那一朵

话题

这个话题，酝酿已久。拥有一家花店，春暖花开，是每个女人心中的梦。主讲人 Any 是一个长相甜美、内心丰盈的姑娘，她之前在游戏行业风生水起，后来回归初心，做起了花艺工作室，开始了每天与花儿打交道的美丽日子。这堂课看似是教会大家如何与花儿相处，实则带领大家如何通过花儿这个媒介，与自我相处。我们的人生与花儿相伴，多美！

姑娘们晚上好。我是 Any，先介绍一下我自己，小时候学美术，长大了学设计，现在有一个宴会设计的工作室，经营宴会、派对、婚礼相关的场景设计，日常工作会经常跟花儿玩耍。听茉莉说姑娘们都很喜欢花儿，希望今天的分享大家会喜欢哦！

Part 1
花艺设计师是个什么鬼

先分享一下我是如何成为一名花艺设计师的。其实我是过敏体质，接触花朵身体很多时候都会过敏起红点。上大学时，特别想要学服装设计，但是不知为何就被分配到了花艺设计专业。不过接触这个专业以后，通过学习慢慢也喜欢上这个专业。当然这也是一个幸福的职业，但是一开始的时候并不是这么认为的。

现实中可能每份工作都有不一样的辛苦。花艺师这个职业，其实也是传递幸福和爱的职业。每一个客人预订的花，我觉得都是充满爱意的，不管是追女生、送老婆、送朋友，或者纪念某个特殊的日子等。每一束花都有自己的故事。每一次给客人代写卡片的时候，我都觉得可以分享到快乐，自己也觉得非常幸福。而在设计宴会场景、完成漂亮空间的时候，我会很享受每一次创作的过程，也会有幸福感爆棚的感觉，过程中所有的辛苦都会消散，做这份工作自己感觉很开心。

唯一感触，有时候真的“忙到没有朋友”。作为花艺师，大部分时间特别是节日的时候没有休息，比如约会、聚会，永远都是时间赶不上的节奏。周末和节假日都在加班，很多时候还需要通宵，而周一貌似永远在补充睡眠。

一开始做工作室时，我觉得这个对我来说是非常大的挑战，感觉好像突然之间跟朋友们都疏远了，但没有干活儿的时候，也会空出好多时间。正因为有这些时间，我爱上了跑步，还有瑜伽。从今年开始，我真的爱上了这些运动。

Part 2
女人与花儿的那些事儿

回到花儿的主题上。女孩子对花儿到底是一种怎样的情结？其实我个人的体会，大部分的姑娘们都非常爱花儿，这貌似是与生俱来的。看到花儿，我们都会觉得心情愉快。日常生活中，买花的姑娘都是有情趣、最懂得爱自己的人。因为家里日常摆一些鲜花，时不时地插插花儿摆在家里面，其实家里人也会感觉非常美好。这年头会做菜的姑娘还是很多的，但会花心思给老公或者男朋友煮一顿烛光晚餐，这样的姑娘是不是会更浪漫呢？

在家里自己煮烛光晚餐，真的是非常浪漫。就算是一个人享用，有没有觉得很赞？当然，既然要浪漫，应该也是需要有一些精心的布置、设计和摆设。比如这顿餐有：鲜花、美食、烛台，还有精致的餐具和台布，搭配起来会更有情调。有姑娘要问，这得准备多少物品才能搭配一场完美的烛光晚餐呀？根据我的经验，用家里常用的一些器皿，也可以做出电视剧里男女主角约会的烛光晚餐场景的，感兴趣的朋友可以多多关注。

所以，平时如果有做手工的爱好，或者自己本身也有喜欢做一些小物品，那么布置这些应该就会非常擅长。如果平时有喜欢收纳盘子、杯子等物品的爱好，搭配起来也会有辅助效果哒!

在家如果你喜欢花儿的话，平时怎么玩花儿会觉得有范儿或者有格调呢？首先喜欢花儿的话，特别建议逛逛北京的早市。因为早市有非常多花材，有进口的花材，还有本地的花材，还有花店不常见的花材，品类非常丰富。你一定会找到你喜欢的材料或者发现一些不一样的花儿。我自己非常喜欢逛早市，但唯一就是早市开市时间很早，早上5点钟就得到，一般7点钟就关门了。

在早市上，现在这个季节，可以选一些香味清新的花，比如茉莉花，我自己特别喜欢的栀子花，还有香味特别独特的，比如玉簪，奥森公园里面就有这种花。

在早市上，如果你喜欢玫瑰花，建议可以选择厄瓜多尔和越南的玫瑰。厄瓜多尔的玫瑰品种，是所有产玫瑰的国家里最丰富的。厄瓜多尔玫瑰品质和花秆的长度，包括颜色的鲜亮度还有保鲜周期，都是最好的。厄瓜多尔玫瑰里面，我个人喜欢甜心玫瑰，白色的花瓣中间有淡淡的粉色，有蜜糖的味道，闻起来非常清新。

另外，我个人也比较喜欢越南的玫瑰。越南的玫瑰没有厄瓜多尔玫瑰花朵大，颜色也没有那么鲜亮，但是越南玫瑰香味非常独特，花朵比较小，保鲜周期长。而且越南因为气候的原因，有很多独特的品种，比如有很多彩色花瓣的玫瑰，看上去非常非常漂亮。越南也会产小菊，不知道有没有姑娘喜欢小菊，我自己超爱。去年，我们设计过一场小菊主题的宴会婚礼场景，现场效果很棒，当时觉得没有比这个花儿更美的啦。

关于逛早市呢，其实大家凌晨5点至6点能去的话，推荐大家也看看本地的花材。本地的花材就是一些花农自己种的花，有很多蛮独特的品种。比如花农自己种的丁香花啊，小绣球啊，郁金香啊。虽然外形没有进口花材那么美，但香味很特别。对于香味有要求的姑娘，一定能找到自己的心头好。

Part 3
花花草草，纷纷扰扰，如何管束

下面分享一些玩花的小技巧。喜欢养花的姑娘，可能在鲜花的养护过程中会遇到一些问题。那我们怎么养花呢？大部分日常养护，放清水把花朵插放在花瓶里就可以了。不知道大家会不会每天给它换1~2次水，特别是夏天天气比较炎热，尽量换2次水。正常给鲜花换水，我们需要做“水切”。怎么做呢？

当你买回来新鲜的花儿以后，把花秆下面一些叶子全部清理干净，留出花秆，把它放入装满清水的桶里面。用剪刀把花秆剪斜口，剪斜口的时候，把花秆浸到水里去剪，花秆会很自然地吸水，瞬间吸收清水，保养时间会更长。只需要干净的凉水就可以。

如果要精心养护，我们给鲜花做完水切之后，在花瓶里放纯净水，比如矿泉水之类，再把花插到花瓶里，保鲜周期会更长一些。如果有特殊要求的话，可以在纯净水里面放一些保鲜剂，保鲜剂就相当于花的肥料，保鲜时间更久。但是我觉得，家里面正常养的话，放纯净水就可以了，早晚做一次水切，新鲜的花儿一般可以放5~7天。

我们怎么来挑选花草呢？如果大部分人没有条件去早市的话，那我们买花的途径是花店。在花店里买花，也是有很多小技巧的。以玫瑰和百合为例，这两种是花店里最常见也是日常生活中最常见的。选玫瑰尽量挑选花秆特别长且含苞待放的，这样的花养护周期会更久。如果选已经盛开的花拿回家，可能生命周期就只有1~2天了，买含苞待放的花可以摆放3~5天。

比如百合，一枝百合有好几个花骨朵，正常选开了1~2朵、其他花骨朵含苞待放的。更重要的是一些花苞是不会开的，怎么判断呢？用手轻轻地捏一下，选捏起来手感软一些的，如果捏起来花苞是硬的，那这个花苞基本是不会开的。

平时大家的办公桌或者家里的书房写字台上可以摆一些绿植。特别建议买一些比如多肉、绿萝、仙人掌这类的花儿，特别好养，对身体也好，像仙人掌可以防辐射，也比较适合懒人养，因为它不用浇水。

鲜花，能为我们日常的生活带来色彩，不失为赏心悦目的调剂品，女孩子弹弹琴、画幅画、插瓶花儿，总是会有意境的画面感。也许，有了这门小手艺也不失为一门可以上街卖艺糊口的技能哈！小时候童话里有写卖火柴的小女孩，比起卖火柴，大家应该在街上时常遇见卖花的小姑娘吧！真是被自己感动的节奏，哈哈！

所以，姑娘们要是平时喜欢弄弄花草，学学插花的技能，一定能为生活增添乐趣的。

Part 4
插花知识科普

插花，顾名思义，即指将剪切下来的植物之枝、叶、花、果作为素材，经过一定的技术（修剪、整枝、弯曲等）和艺术（构思、造型、设色等）加工，重新配置成一件精致完美、富有诗情画意的能再现大自然美和生活美的花卉艺术品。

插花分为东方式插花与西方式插花。东方式插花以中国和日本为代表，其风格主要以体现花材的自然、线条、意境美为主。

东方式插花艺术可以说起源于中国。日本花道在中国的影响下得到发展，大约于500年前形成了日本独特的风格和花道精神，流派颇多，有以草月流、小原流、古流派为代表的大约300多个流派。可以说，中国、日本的插花构成了东方式插花。西方式插花则以欧美大陆国家为代表，比如现在年轻人喜欢的西式户外婚礼、仪式和宴会的场景花艺设

计基本都是欧式的，像新娘的手捧花就是典型的欧式设计。

东方插花造型以线条的应用为主，线条的不同应用表达不同的意境。比如直线表现力量，弯曲线条表现柔和，斜线表现动态，根据花艺师设计的主题，可以把不同线条的花材搭配组合运用。比如在插花中，运用木本花枝线条进行造型就是传统插花最突出的特点之一，表现出优美生动的质感和轮廓。

东方式插花艺术可简单归纳为直立型、水平型、倾斜型与下垂型。东方式插花对花材与花器的比例有一定的要求。西方式插花讲究构图整齐规则、均衡对称。传统西方式插花造型有圆形、三角形、不等边三角形、半球形、弧线形和S形等基本形状，有格有局，用花量大，花材色彩浓艳，稳重雄健，华丽大方，颇有气派。

{金语}

1. 其实每一束花都有自己的故事。每一次给客人代写卡片的时候，我都觉得可以分享到快乐，自己也觉得非常幸福。
2. 玫瑰，尽量挑选花秆特别长的、含苞待放的。百合，一枝百合有好几个花骨朵，通常选开了 1~2 朵的。

柴磊

云优健康网 CEO，女汉子，一直努力地认真工作，认真生活。曾任国内知名体检连锁品牌运营总监，十余年健康行业从业背景，互联网大健康产业的实践者。曾任哥伦比亚等知名户外品牌特约撰稿人、户外测评师、知名户外网 KOL 达人、知性生活家。

在北京，住胡同——一个非典型北漂青年的胡同人生

话题

这是北京胡同，也是一个外地人眼中的北京生活。1 小时的分享，透着对北京深情的仰望和对胡同温情的凝视。小街小巷里，邻里情谊，是友爱互助，抑或是嬉笑怒骂，都不打紧。因为，这就是真实的——人生。

作为一个土生土长的东北人，2016 年是我北漂的第 11 个年头。很小的时候，我住过平房，后来搬家，便住进了楼房。2005 年底，为了准备毕业实习，我来到北京。那个时候我对北京这个城市充满了情怀，也充满了好奇和恐惧。在壳牌统一石化实习文员的几个月，我和大学同学借住在南城亲戚家的一幢高层住宅里。每天天蒙蒙亮便要穿过一路拥堵的街道赶到玉泉营乘坐直达厂区的班车，一路昏昏沉沉晃悠到厂区，满眼只有冰冷宽阔的厂房，成堆的办公文件。然后，下班回家，面对的是一个个冰冷的防盗门，门后面的邻里彼此似乎从来都素不相识。

这样的生活持续了一阵子，我换了工作。北京奥运会成功举办了，地铁从三条线路扩至十条，北京的环路从五环修到六环，南锣鼓巷从一条古香古色的胡同成了变了味儿的商业小吃一条街。再然后，胡同整改工程一拥而上，鼓楼、北锣等胡同都统一换了红门窗，各式各样好看的墙面被刷成了一模一样的“奶奶灰”……

Part 1
胡同是一种情怀

胡同，是老北京的筋脉血管，如今的我们生活在一个由冰冷的钢筋水泥建筑、拥堵的车道组成的山寨城市。不可否认现代化的城市建设给人们带来了更先进的物质生活，但少了奇经八脉的内涵，总好像差点味道。车流，人群，熙熙攘攘，却又无声匆忙！楼房、CBD、商业街、别墅都很好，但这些，其他城市也都有。当年北京举办奥运会，各个街道都刷满了“新北京新奥运”，可是，全世界人民喜欢的不是北京城的厚重底蕴吗？

北京应该是什么样呢？

响着鸽哨的鸽群成群结队从钟鼓楼飞过，树荫下摇着蒲扇的大爷大妈，胡同里传来的阵阵京腔吆喝，出门抬头低头的都问候着“您吃了嘛”，离老远听见清脆的自行车铃，天空中飞舞的蜻蜓，到了饭点儿就能闻到的炖肘子和炸酱面飘香……印象之中，那些才是北京。

老北京的胡同，是普通老百姓生活的场所，也是历史文化发展演化的重要舞台。北京的胡同最早起源于元代，相当于南方城市中的“弄”和“巷”。元代，北京的胡同间隔较宽，元大都基本上都是三间大四合院的距离，随着人丁兴旺就逐渐在空地上加盖起了房屋。

Part 2
入住胡同里的房子

现在，北京胡同文化已经开发出了一项专项旅游项目——串胡同。来自四面八方的国内外游客乘坐北京古老的交通工具——人力三轮车，经什刹海西沿，过银锭桥到钟鼓楼，登楼俯瞰北京旧城和四通八达的胡同，然后前往后海地区，参观京城古老的胡同，看看普通的四合院。但是如果你想真真切切地体验老北京胡同的生活，流水线一样地匆匆忙忙，是无法感受到真正的胡同味道的。

胡同记载着历史的变迁，如果你愿意静下心和胡同里的老北京侃上一阵子，沉浸到胡同的生活里，慢慢你才会发现，每条胡同都有个说头儿，都有自己的故事，都有传奇的经历。比如，我曾居住过的北新桥，那里就有关于锁龙井的传说——北新桥并没有桥，而是有一口井，这口井就是传说中的“锁龙井”。传说井里面锁着一条兴元龙，北新桥就是为了镇住海眼。至今谁也说不清这些传说的真实性到底有多少了。

再后来居住过的华丰胡同7号，也有些历史，这里是法通寺的遗址所在地。法通寺始建于元至正年间，乾隆《京城全图》绘有此寺。只可惜这座古迹早已经不在了。胡同其实就是一座座民俗风情的历史博物馆，烙下了人们各种社会生活的印记；细细品味，胡同又是北京的百科全书，这其中的每一块砖、每一片瓦动辄都有好几百年的历史。

如果你对胡同生活非常感兴趣，那么可以试试在胡同里寻找一片净土，落个脚。

整体来说，各方面条件比较好的平房，购买费用比较高。之前我住的北新桥独门小院，两间房居然报价达到1260万元，如果算整院加上公共区域估值至少在3000万元以上，另外，如今不少四合院已经都挂了“文物保护单位”的牌子，买得起的算是真土豪，买不起的不妨也可以考虑租。

对于打工白领，有很多人都存在一个现象，那就是上班在城区，住处跑到五环外，因为我们会认为那里房子相对来说便宜，但是每天路上耗费一个半小时甚至两个小时，时间成本非常大。

其实，很多胡同住宅的租金要比楼房便宜很多，而且大部分都处于东城西城这样的城中心区，不管是CBD还是金融街，方圆5公里半径内可能都会有大面积的胡同区。大多数平房的居住条件要比我们想象中好很多。我们一生的成本其实最大的就是我们自己的时间，如何进行自己人生的时间管理和成本管理值得我们思考。

Part 3
住胡同需要注意的 Tips

那么要如何寻找胡同房源？实际上和正常租房一样，找个靠谱的中介公司，告诉顾问，让他们代为留意房源，这样最便捷。我们可以提出自己的要求，比如院落深浅、整体住户多少、一居还是两居、小loft还是普通平房。有的屋顶较高的，都会改成loft形式，不过讲究情调的同时也必须考虑，大姨妈或者醉酒时该怎么上楼的问题。

一、位置和安全性

院子住户最好别太杂，房子位置在整个院子中不要太深，否则安全问题和环境都会有一些影响。位置如果太深的话，夜里的灯光照明是个问题，而且有些地面情况不好的院子，容易崴脚或者碰掉杂七杂八的瓶瓶罐罐伤到自己，千万不要小看了老人家们收集旧物的能力！

很早之前看过一套院子里的深宅，在一个胡同里，进了院子大门后，七扭八扭的又走了十分钟，走到跟前的第一感觉，这简直就是拍三四十年代大戏的老宅。门和窗还是仿古那种木质结构，碰一下会吱呀吱呀响，整个屋子从外到内各种不自在。所以一座房子合不合适，会有气场的感应。另外，如果院子里有老北京的老人家，也不错，爷爷奶奶们没事就会在院子门口或者胡同里坐着，一般警惕性都比较高，安全性相对会高些。另外，可以养些小动物，猫猫狗狗都可以，动物们的听觉比人类灵敏得多，也会起到一些预警作用。

二、交通

靠近主路、地铁，都是不错的选择。北京的胡同大多不是横平竖直的，而是有

很多岔口和斜路，还有一些死胡同，不方便走。另外居住在胡同，最好不要开车，平房区有很多学校，上下班高峰，这些地方人流车流会很多，有时一堵可能就十几分钟二十几分钟动不了，胡同路面的宽度窄，通常极难通过。

另外，胡同的车位实在有限，停车是个大问题，经常会上演真实版的抢车位，总而言之，太考验车技。为了更加接地气，符合老北京胡同的feel，不妨改骑自行车和电动车，距离公司5公里之内，骑车只要十几分钟就到，很方便。很多到中国发展的国际友人，也非常喜欢住在老北京胡同，在一条条胡同内，经常可以看到骑着大二八车的洋妹子洋帅哥，那感觉，才更有味儿。

三、取暖

不少人都会担心平房冬天很冷，这个问题不大。大部分平房都有煤改电的蓄热式电暖器，设定好时间，晚上开启，白天自动停止，通过蓄热的方式还可以保温一整个

白天，温度相当热。条件再好些的会改造成地热，但是很少。电取暖相对电费虽然比较贵，不过好在平房都享受用电补贴，夜间电费会享受低价减免。综合比较，电费也比楼房的供暖费要划算些。

最好选择两边有其他房屋紧邻的，前后再有个厨房等小隔间，保暖效果就会非常好。另外夏天北京降雨比较多，要充分查看天棚的防水情况。如果屋顶有问题，要及时和中介或房东沟通解决更换瓦片或是重新做防水，不然一到雨季，屋外中雨、屋内小雨的情况也有可能发生。

四、房子是别人的，生活是自己的

选定了心仪的房子后，就到了装修和搬家这一步。有人会问：什么？租个平房还要装修？没错，本身在北京生存就是一件非常高压的事，如果不给自己的房间制造点小惊喜，住得舒服、温馨点，那何谈生活的质量呢？我们可以提前和房东打个招呼沟通好，可以动什么不可以动什么。比如要打装饰架子，需要电钻打孔，就最好问问清楚。通过自己的努力一点一点亲手装扮起来的小屋，绝对有成就感！

如果是土豪，购买下来考虑重新翻修的话，应该先取得房管所许可，尤其是想加盖二层或做个小天台什么的，一定小心建筑超高而导致罚款。另外也可以将取暖方式改成地热。想一想，能在一条僻静的胡同院落，伴着温暖的午后阳光，独自坐在二层种满花藤的天台，亲自手磨一杯咖啡，倾听着耳边的鸟鸣，读读文字，是一件相当惬意的事情。

五、吃喝拉撒

大多数平房可以洗澡，不喜欢洗澡的可以考虑不带相关设施。

胡同不像楼房有天然气管道，开火做饭可以考虑三种方案：第一，如果房东办过煤气罐相关手续的，我们可以拿着煤气本去煤气站购买平价煤气，几十块钱，很划算，一般一罐气能用三个月到半年。不过每年需要房东提供证件到煤气站进行煤气本和气罐的年检，一年一次。第二，如果房东没有办过煤气本，想用煤气做饭的话就只能去煤气站购买溢价煤气，没记错的话应该是130元左右一罐，另外还要交一定的租金使用费，而且要求必须3个月内用完归还。第三，可以考虑更方便的电磁炉，想吃火锅还可以在家改善一下伙食。

平房虽然有上下水，但是说到上厕所就很尴尬了，虽然可以考虑改造，但是工程确实太大。另外，平房的管道和楼房不同，极其容易造成管道堵塞。胡同里的公厕数量充足，基本走不了几步就可以看见宽敞的大公厕。另外下水管道要记得定期保养，自己购买管道疏通剂即可。再或者，备用一个加盖的小桶，以便不时之需！

Part 4
每个邻居都很有趣

从家居风水讲，院子的树木茂盛和人丁兴旺关系很大，树木也是组成房屋风水的一个重要部分，因此，在院子里种树也有一定的讲究。若是院子里种的树不好，将会直接影响到房屋风水，家人的运势、健康等也将因此而受到牵连。院子里种植核桃树代表健康，可以强壮人的筋骨，这主要是核桃树本身带有良好的气场。虽然这些风水之说被传得神乎其神，但事实上还真的有不少巧合。

我住在北新桥时，院子里有一棵枣树和一棵核桃树，据说是对门阿姨的婆婆在的时候就有了。阿姨的爱人过世后，核桃树渐渐有一半枯死；后来阿姨得了重病，核桃树更加衰落了；再后来儿媳妇生了个大胖儿子，另一棵枣树倒是一直旺盛得很。春天，枣树上开满了浅黄色的枣花。夏天，花落了，枣树上结满了小青枣。七八月份的时候枣子就可以吃了，我们和阿姨的关系很好，经常上到房顶上一起帮阿姨打枣吃。如果赶上大风大雨，偶尔会吹断一些枝杈掉落在院子里，便可以直接把上面的枣摘下来吃了。这味道，绝对是在外面吃不到的甘甜。

胡同生活就是这样，有和睦，有鸡毛蒜皮，你与人为善，多帮助别人，别人就会温情待你。这些大事小事，我想，住在高层楼房躲在防盗门后的邻里之间是很少能见到的，因为大大的防盗门，锁住了自己房子财产的安全，也锁住了人们的心。五味繁杂的市井生活，反而能体验到活生生的更精彩的人生。

Part 5
胡同里的新发现

除了五彩缤纷的左邻右舍的邻居们，很多胡同周边其实还有不少有趣的地方。

比如，作为一名合格的吃货，不应该只知道北京的簋街，还应该对胡同里的美味熟知于心。旧鼓楼大街和鼓楼西大街、锣鼓巷、交道口、方家胡同、五道营等地区，美食数也数不清，吃也吃不完。但随着胡同改造，也有一些美食胡同正在逐渐消失，比如曾经被誉为“小簋街”的北新桥三条。

还有一些很隐蔽的，就算你在胡同溜达，可能也很难发现的美食，比如这家炸酱面：出了南锣往方砖厂胡同走，69号有一家特色的老北京炸酱面。小店非常隐蔽，没有店面没有招牌，我也是遛弯偶然发现的。炸酱味道正宗，里面很多瘦肉，菜码是黄豆芽黄瓜丝、白菜丝、萝卜丝，服务员大哥穿着褂子有时候搭着一条毛巾在肩膀，一看就是老北京的范儿。那里的大碗茶也很便宜。冬天没有，夏天才出摊，经常很多人。记得问老板要点腊八蒜就着吃面。

再有就是正宗的特色川菜，比如北锣的“入戏太深”，以及分司厅胡同的“张妈妈”，都是地道的川菜小馆。店面不大，桌位很少，却都很火爆。

大家都熟知了后海什刹海的喧哗，但可能不太知道还有一个西海。沿着鼓楼西大街前行，有一块宁静地藏在居民区的水域，四周被胡同包围，距离德胜门非常近，与箭楼遥遥相望。在这里可以听风，可以钓鱼，可以读书，可以晒太阳。

喜欢游历名人故居纪念馆的小伙伴也有的玩，这附近还有数不清的故居纪念馆，冯国璋、齐白石、那王府、蒋介石行宫，以及大兴胡同的城隍庙，还有张旺胡同与赵府街交叉口的酒博物馆，灰墙中间砌进了好多个大酒坛子，颇有老北京复古的趣味。

北京城还在变，动批搬了、天意搬了、百荣搬了，越来越多的平房胡同拆迁了，变成了高楼大厦。1949年，北京老城区大约有3600条胡同，到2006年胡同只剩下500条。随着北京市政府近两年棚户区改造计划的实施，目前只有自主产权的私房允许进行租赁和交易，原有的一些公房按法规不被允许租售，所以要找到胡同里的合适房子，也比从前要困难了。

胡同文化，已经变成了一种非物质文化遗产，一代代的老北京人，正被驱赶到了五环外，一代代关于北京的记忆，再过几个世纪也许就会被逐渐淡忘。正如在电影《老炮儿》中那个替六爷跑腿儿的孩子，帮六爷送信的时候说了一句叩动人心的话："六爷，没宣武区了，合西城了。"

建议大家有时间的时候，去一趟景山的中轴线，在这里可以俯瞰到北京城，俯瞰到北京城的胡同。

这是个拥挤的北京，我们都很平凡。在生命里最美好的时光，趁我们不老，趁北京的胡同还在，不妨试试找一个宁静的小院儿，感受一下老北京接地气的朴素生活。住在胡同的日子，假如生命中不曾体验过，可能真的会非常遗憾！

{金语}

1. 很多胡同住宅的租金要比楼房便宜得多，而且大部分都处于东城西城这样的城中心区，不管是 CBD 还是金融街，方圆 5 公里半径内可能都会有大面积的胡同区。大多数平房的居住条件要比我们想象中好很多。

2. 一座房子合不合适，会有气场的感应。如果院子里有老北京的老人家，也不错，爷爷奶奶们没事就会在院子门口或者胡同里坐着，一般警惕性都比较高，安全性相对会提高些。

3. 胡同生活就是这样，有和睦，有鸡毛蒜皮，你与人为善，别人就会温情待你。这些大事小事，我想，住在高层楼房躲在防盗门后的邻里之间是很少能见到的，因为大大的防盗门，锁住了自己房子财产的安全，也锁住了人们的心。五味繁杂的市井生活，反而能体验到活生生的更精彩的人生。

熊珍妮 Jenny

迈肯智威国际投资顾问（北京）有限公司执行董事 &CEO，法国黛诗菲尔国际美容美体连锁集团董事长，AFR 爱飞尔品牌创始人，原“俏十岁”董事兼副总裁。曾获 2015 中国优秀创业女性、中国杰出创业女性年度人物、十大青年企业家领军人物称号，北京市女企业家协会会员，中国青年艺术家协会理事，美业 CEO 俱乐部股东会员，全国工商联美容化妆品商会常务理事，国内外多家知名企业品牌顾问。

自诩：一个爱折腾的狮子座文艺女青年，在美业与跨界间坚持创新与传承的创业者。

生活美学的吸引力法则

话题

她曾是风靡全国的“俏十岁”品牌的董事兼副总裁，自创了奢华肌肤美学设计师品牌 AFR 爱飞尔，如今她又是拥有全国 500 多家美容美体门店的连锁集团的掌门人，她对品牌的理解，对包装的精益求精，对女性的洞察，对美学的研究，对跨界的整合，深深地浸润和滋养了自己和她悉心浇灌的品牌之花。这堂课上，她将 20 年的生活美学心经和盘托出，展示一个女人成功蜕变的奇妙之旅。

大家好，我是爱飞尔的创始人熊珍妮，非常感谢茉莉家族的邀请，让我分享关于生活美学的相关哲学。

我从 5 岁开始研习琴棋书画，11 岁出入专业美容院，18 到 22 岁任过 4 年美术老师兼 2 年拉丁舞老师，20 岁举办过 2 次省级个人画展，21 岁绘画作品选入美术书籍，23 岁学习形象设计，从此在美业的道路上不断打拼。所以从小从骨子里就特别爱美，和美业有着很深的缘分，对一切美的事物也分外着迷，喜欢探索、学习，更喜欢分享。

Part 1
生活美学的哲学概论

何为生活美学，其实就是我们内心憧憬的理想的、有着美感的生活享受。我幻想着，一个云淡风轻秋高气爽的日子，古老梧桐树下，和煦明媚的日光倾泻在草坪上，一个秋千，一把太阳伞，桌子上一壶花果茶，看着公司刚发来的报表，先生看着书，家人在旁边嬉笑着，享受这美好的时光……畅想着心中美好的生活蓝图，这就是我最惬意的生活状态。

生活美学，简单来说，就是生活之道，是在生活物资基本满足的条件下，所产生的精神追求。是对食物的兴味盎然，对修为的用心经营，对文化的悉心品味，对艺术情操的陶冶，对一切美的事物的不懈探索。**人活着的意义在于不断折腾的同时享受生活，用心感悟身边的一切美好。**美，应该是对生命的一种从容；美，应该是对生活的一种享受；美，应该是对人生的一种豁达。

生活美学源自生活中点点滴滴的发现，法国著名雕塑艺术家罗丹曾经说过：“生活中不是缺少美，而是缺少发现美的眼睛。”庄子说：“天地有大美而不言。”可见，美在于自然，在于我们的日常，在于我们的心灵，在于我们的情感释放。古今中外，尽管对美的追求的内容不尽相同，但是都将美与生活紧密相连，将美渗透在生活的点点滴滴中，从最平易的生活中伸展感知的触觉，并在生活中发现美、体会美。

Part 2
生活美学是一种软实力，更是竞争力

我们每个人都喜欢新鲜美好的事物。生活中不缺少美，不论是色彩绚丽的自然美，还是婀娜多姿的身段美，抑或是潇洒自如的风度美，谈笑间的儒雅美，行为举止的高雅美，一切美好的事物、美丽的风景、美好的心灵，都是美。美具有无限的魅力。追求美，是人的天性，是不可缺少的精神需求。

那么，美对人到底有什么意义？为什么说生活美学是我们的必修课，是个人竞争力的一种体现呢？

生活美学对于人格魅力的完善、美好心灵的塑造以及人类的发展都有着至关重要的作用。美能益智，美能辅善，美能陶冶情操，美能促进健康和谐，美能让你身心欢喜，美能超越个人的孤苦、失意以及各种利害关系，让人获得自由，充满乐趣和成就感，甚至产生情感共鸣。

越来越浮躁、不安分的世界，随处可见的诱惑……对于女性而言，天生缺少安全感，只有不断强大自己，丰满自己的羽翼，学会让自己时刻保持竞争力，生活才会变得多彩。在我看来，想要好的生活必须懂得生活美学，生活美学能使你真正活得快乐、幸福。**以美学的、超凡脱俗的态度去化解生活中的烦恼，使乏味的生活琐事也变得活泼有趣。**它是一种精神的追求，通过精神上的调节和抚慰来缓解内心的压力、烦躁和不安，让你变得洒脱、海阔天空。我们要学会经营好它，因为它直接影响我们的家庭和事业。

Part 3
美的“生活真理”，如何经营生活美学

生活中的美虽然无处不在，但需要我们用心去发现和感受，而不是人云亦云。要善于观察生活中的美，用心去观察世界，体验生活，但同时也要对观察到的事物运用我们自身的各种感受美的能力去进行深度发掘与加工，这就离不开一定的美学修养。那么，如何经营生活美学呢？答案就是我们**要把美学用于生活，用归真、修善、求美的人生观、世界观、价值观去诠释生活真理，诠释生活美学。**

行善积德，传播正能量

易经讲道：为人者，有五令，一德二命三风水，四积阴功五读书。德排在第一位，这就是大家知道的“恶有恶报，善有善报；不是不报，时候未到；时候一到，全部都报。”我的北大国学老师曾经说过，人生就像一个封闭系紧的气球，婚姻和事业就是气球的两端，要想婚姻好，事业必然会差一点，事业好的人婚姻往往不太幸福。要想婚姻事业都好，就得不断往气球里注气，这个气就是爱心与慈善，就是行善积德。我们要拥有一颗善良的心，多做善事，做好事能改善不好的命运，也能逢凶化吉。我的师父也曾说过，种善因得善果，造恶业受恶报。积善成德之最高境界基于真善，源于内心，未经雕琢，润物无声却福泽万物。

古话有云，相由心生，一个内心善良帮人助人的人，外表总给人阳光温暖的感觉。**眼界即是心界，而面相即为心相。**这也就是为什么有人看日落很美，有人却认为很凄凉。别把痛苦的根源推给外界，人生所有的痛苦都来自自己接收的这些负能量。你生气，是因为自己不够大度；你郁闷，是因为自己不够豁达；你焦虑，是因为自己

不够从容；你悲伤，是因为自己不够坚强；你惆怅，是因为自己不够阳光；你嫉妒，是因为自己不够优秀。**对生活多些感恩，多些知足，用正能量去驱散人生的迷雾和阴霾，**你的世界，有了自己心灵的那束阳光，才会真的明媚温暖。

让美貌成为你的资本

在适当的时候让你的美貌掌握足够的发言权。我们女人是一定要漂亮的，如果先天不足，就一定学习一些技巧，让自己精心打扮后变成美女。要学会保养自己的皮肤，保持好的身材，学会穿衣打扮。有的人很痛恨“后天美女”（整容后的美女），有段时间我也是这么认为的，觉得不公平，对她们的美很不屑，但后来也想明白了，其实就是个人嫉妒。不要嫉妒别人的美，而要学会欣赏、学习、改变，不要自己给自己找借口。

我们每个人都有追求美的权利，就看你是否愿意去尝试、去改变。虽然有时候有人说漂亮的女孩是花瓶，但是花瓶如果摆在了合适的位置，它就是艺术品。善于利用你的美貌，但不可以陷入自满中，有着美丽的外表又有着智慧的内在才是优秀的女人。

我建议大家读读《你的形象价值百万》这本书，这是我步入大学时送给自己的第一份礼物。

不断提升眼界及审美能力，积累气场和提高品位

我是从农村走出来的孩子，以前我的审美很土，从11岁开始所有东西都是我自己买，当时一天换2套衣服，想美，但不懂得什么是真正的美，总给人乡里乡气的感觉。后来开始观察大家眼里的“班花校花”，研究别人如何穿着打扮，也许是学画画的原因，我不断学习美的理论、色彩的研究，上大学后我学习平面设计，开始收集时尚书刊，如《cosmo》《芭莎》《瑞丽》等。看明星照片，看画报，研究别人的穿衣打扮，我想让自己变得更漂亮，后来我又学了化妆，学习形象设计，研究艺术，一步步不断提升自己的审美标准和眼光。

就像设计师，不只看你的专业技能有多强，还要看你是否懂得审美，知道什么是真正的美，要美得恰到好处，不做作。要想提高眼界和审美力，可以抽空多了解一些时尚方面的新闻，多看看时尚杂志，也可以去时尚之都旅游，多结交穿着时尚的朋友，向她们讨教一下穿衣搭配的技巧。

要学着用心经营自己，每个女性都是特别的，都应该有自己独特的气质和品位。可能很多女性会觉得品位是与奢侈品挂钩的，其实不然，品位是一个人观察事物的态度，同样的东西，在不同人的眼光下会是不同的版本，物品本身的价值与品位的高低是没有关系的，用高级的品位去挑选东西，一个廉价的饰品只要戴出了属于它的另类，也能够表现出自己的品位。有的人能把几十元的衣服穿成上千上万元的奢侈品感觉，有的人却把上万元的衣服穿成地摊货，其实这就是由你的品位和气场决定的。

时刻保持新鲜感和激情

众人总厌倦这一成不变的生活，可有谁真正从自身做起，开始改变它？我以前也没有真正体会到保持新鲜感的重要性。我认为，人之初性本懒，基于惰性，我们总是得过且过，习惯了保持原有的习惯，不愿花时间花精力去改变和突破。

我大学时代的两位老师的不同状态改变了我的想法。一位老师，每天穿不同的衣服，搭配不同的妆容、配饰，因为每天都不一样，让人很有新鲜感，每天看到她我都特别开心，赏心悦目。她身上那种美、那种魅力，深深吸引着我，每天都很期待上她的课，猜她今天会是什么风格的打扮，会给我们带来怎样的惊喜。而另一位老师，一个月以内，都是那两三件深灰或黑色的衣服，款式也很相近，尽管她的课讲得非常棒，但也缺少了那份期盼，那份惊喜，那份说不明道不清的兴奋感。

在婚姻或爱情中，新鲜感就是安全感，是维持一段感情的必修课。爱情不再新鲜，相互之间也就缺乏了激情，随之而来的便是各种矛盾和问题。我们要为爱情增鲜，不断突破不变的生活，才能让爱持续燃烧。偶尔来个烛光晚餐，一起跳一段舞蹈，带着家人旅行，和朋友一起聚会，写段甜言蜜语的煽情话，总之就是制造浪漫的场景、开心的氛围、一些意想不到的惊喜，这都是给爱增鲜。

工作中同样也需要新鲜感。新鲜感是创新的动力，一旦对工作失去了新鲜感，那么朝九晚五的8个小时便是枯燥无味、浑浑噩噩的度日如年。如果工作中没有了新鲜感，很难想象今天还会有那么多伟大的企业和产品。

在平淡的、千篇一律的生活和工作中，用真爱与真心为对方带去值得仔细品味和反复回味的新鲜感，不断制造惊喜，不断增加激情、增加兴奋点。

养成爱看书、爱学习的好习惯

“万般皆下品，唯有读书高”“金屋颜玉”等都告诉了我们读书能改变命运，尤其在古代，只有读书，才能考取功名，才能光宗耀祖。

没事的时候，去书店逛逛，认真地挑几本可以提升自己的书籍买回家阅读，不管是名著还是营销方面的或是励志方面的，都有值得我们学习的地方，书可以让人们的生活丰富，也可以让人们的思想改变。除了看书以外，我们更应该每天坚持学习，看一篇新闻，了解一点国家大事，看看互联网的新动态，哪怕是一篇慰藉心灵的“鸡汤文章”……都能让我们成长，也增加我们在不同场合的谈资，不被社会淘汰，不被人群冷落，活到老，学到老，会让你遇到更多可爱的人、有思想碰撞的人和人生中的贵人。

学会一门特长

一门特长能让你在社交中多一个向他人展示才华的机会，也是增强我们自信心的重量级砝码。人不可能涉猎每个领域，不可能在各个方面都是高手，对于普通人来说，想要通过自己的努力实现“高人一头”，就只能集中资源和精力，把某一件事做好，在某一个方面比别人精通。一旦做好了这件事，你就实现了超越，就有了成就感，自我评价随之提升，自信也就有了，也多了一些机会，机会永远都是留给准备好的人。

懂得花钱和理财，有规划地对待人生

女性要学习投资经营，无论是思想上还是经济上都应该独立。很多理财投资方面的书，都是不错的，有时间可以看一下，要养成理财的好习惯，用钱生钱。“钱有四条腿，人有两条腿，人赚钱的速度永远跟不上钱赚钱的速度”，这让我更加坚信理财道路的正确性。这些投资经营方面的经历，是无形的财富。不管现在你的收入有多少，都要为你的明天打算，聪明的女人应该知道如何赚钱和如何花钱，花钱其实也是一门艺术。

我们要学会给自己定目标，然后一个个去实现，实现时的成就感不言而喻。今天的生活状态不由今天所决定，它是我们过去生活目标的结果；明天的生活状态不由未来决定，它将是我们今天生活目标的结果。目标是行动的导航灯。没有目标，我们就不会努力，因为我们不知道为什么要努力。没有目标，我们几乎同时失去机遇、运气、别人的支援。因为不知道自己到底想要什么。就像大海中的航船，如果不知道靠岸码头在哪里，加油又有什么用？如果不知道靠岸的码头在哪里，也就不明确什么风对它来讲是顺风。

我们的人生需要规划，给自己的行为设定明确的方向，充分了解自己每一个行为的目的，要清楚地知道自己想要什么，朝着目标，直线前进。把你的目标记在心里，写在每天都能看到的位置，时刻提醒自己，目标自然就会离你越来越近。

和比自己优秀的人交朋友

子曰：“无友不如己者。”交什么样的朋友对我们来说，至关重要，甚至能改变一个人的成长轨迹。和勤奋的人在一起，你不会懒惰；和积极的人在一起，你不会消沉；与智者同行，你会不同凡响；与高人为伍，你能登上巅峰。

有人说，你的水平，就是与你最亲近的五个朋友的平均水平。结交良友，聚拢人脉，社会中的人脉非常重要，而你所选择加入的朋友圈也会对你的人生有着很大的影响。我来北京一共五年了，我的发展速度这么快，也来源于我加入了很多圈子，认识了很多比自己优秀的朋友，用自己的真诚与那些有思想的优秀的人交朋友。

美源于生活，并在生活中得以呈现。而在我们的生活之中，美也的确是无处不在的。一切美的存在，使我们的生活不再单调，不再孤单寂寞，充满了愉悦的享受和生机盎然的乐趣。生活美学可以让世界更加丰富多彩，可以给更多的人以善于发现美的眼睛和美的享受！

好了，今天就说这么多，再次感谢大家的聆听，谢谢各位好友的陪伴和帮助，也希望以后和更多优秀的朋友互相交流、互相学习，祝福各位有梦想、爱折腾的美妞们，顺心如意，一切安好！

{金语}

1. 人活着的意义在于不断折腾的同时享受生活，用心感悟身边的一切美好。
2. 要把美学用于生活，用归真、修善、求美的人生观、价值观、世界观去诠释生活真理，诠释生活美学。
3. 对生活多些感恩，多些知足，用那些正能量去驱散人生的迷雾和阴霾。

育儿经

CHAPTER 3

做孩子的好闺蜜

尹 君

国商控股集团市场总监，十年广告行业线上线下从业背景，曾任紫马财行品牌策划总监、瑞士知名钟表品牌市场总监，地道的新中国市场经济体制下“广而告之领域”见证者。

自诩：知性文化孩儿妈一枚，蒙氏教育践行者和受益人。

读懂孩子的“敏感期”，我们的 3~4 岁的小恶魔

话题

养育孩子的过程也是宝妈们自我修行的过程，各种苦涩滋味，也只有我们自己知道。3 岁、6 岁、9 岁，这三个年龄段是大家都熟知的连“狗狗都嫌弃”的年纪，可见这几个年龄段的孩子是多么地“令人讨厌”。但很多在我们成年人眼里的“反常”现象，都是宝宝们正常的成长经历。我们要耐心、细心、充满爱地去理解和尊重孩子，才能让孩子拥有度过这些年龄段之后的丰富的成长体验。

大家好，很高兴与大家交流育儿的话题。育儿应该是所有妈妈都非常关注的话题，都说孩子在成长，其实，在陪伴孩子成长的路上，受益最多的是我们这些 80 后父母。学习为人父母的同时，看到自己内心的“那个小孩”，对自己的关照，让我们内心的缺失得到弥补，让我们懂得什么是爱和自由。

如何去爱自己，如何去爱孩子，如何去爱家人，从而得到自我成长？今天，就将我的一点点感触和心路历程，拿出来和大家一起分享。

Part 1
什么是敏感期？

今天聊的话题，是和孩子的“敏感期”相关。相信很多妈妈对“敏感期”有所了解，它是孩子在成长过程中要必然经历的一个重要阶段。这个阶段会持续6年、7年甚至更长的时间。时间的长短取决于孩子经历敏感期的时候，家长能否帮助孩子平稳地度过。如果孩子经历得很顺畅，每个阶段都得到了充分的尊重和理解，那么他/她的敏感期会在6~7年，也就是在小学之前会结束。如果敏感期受到了“阻碍”，那么在他/她后面的成长乃至成年后，都会重复走一遍没有获得充分体验的敏感期，直到被充分满足。

那什么是敏感期呢？敏感期是孩子在0~6岁的某一个时间阶段内，表现出来对某种知识、某种事物、包括某个人或物表现出来的特别感兴趣的现象。在每一个兴趣阶段，如果能给孩子一个充分安全的环境，再给予孩子充分的尊重和对该兴趣充分的体验和满足，那么孩子就能很平缓地度过这个阶段。而且他/她的兴趣被满足之后，就能很轻而易举地掌握这类知识或者特性。这个时期就称为，孩子学习某种东西或特性的敏感期教育。

敏感期有那么重要么？

很多家长可能会说，我小的时候没听说过什么“敏感期”，但也都健康快乐地成长起来了，这敏感期，有这么重要么？其实，敏感期的重要性是有很多科学实验证明的，包括一些心理学家和儿童教育学家反复论证过的。如果孩子的敏感期阶段被充分满足之后，孩子们会有哪些惊人的表现呢？

有以下五点：第一，有天才的创造智慧，表现出充分的想象力，创造力极大地发挥；第二，做事情总是有无以伦比的热情，他/她的兴趣丰富，且有非常坚定的意志力；第三，迅速发展的认知能力和技能，他/她很快掌握了一个技能而且认知能力得到了大力的提升；第四，他/她得到满足之后，表现出来的人格状态的宁静和谐和顺从；第五，就是由此在他/她的内心建构了一个巨大的潜力。

所以说，平缓地度过儿童的敏感期，真的是至关重要。而这一点，我自己也深有体会。我女儿4岁半了，一路走来，在我和我爱人独立带她的过程中，我们亲身感受到了孩子所经历的不同敏感期阶段，也深刻体会到顺从了孩子的敏感期，给孩子所带来的巨大能量。

Part 2
3~4 岁儿童敏感期的各种表现特征

秩序敏感期

首先，是“秩序敏感期”。举个例子，比如有些妈妈，可能有这样的情况发生：家里的电视机遥控器一直放在沙发旁边的一个小袋子里，偶然有一天你看完之后随手放在了某个地方，当孩子看到之后会非常不高兴，会要求你归位，否则就会大哭不止。像这些情况，是因为孩子正处于“秩序敏感期”，而我们的行为打破了他/她对秩序的需求。

“秩序敏感期”是孩子学习遵守秩序的最重要的阶段。从概念上来讲，“秩序敏感期”是儿童从0~6岁整个阶段呈螺旋式经历的过程。第一阶段，大约在0~2岁之前，这个阶段的需求是内在秩序需要与外在秩序相一致，如果这个秩序被破坏，会表现出极大的不安全感，从而表现出哭闹。一旦秩序恢复原位，则会慢慢安静下来。

第二阶段，从2岁开始，这些“小恶魔”慢慢学会了说话，会表达。当家长还在享受宝宝一声声叫着“爸爸妈妈”的时候，突然有一天他们开始经常说“不”。很多家长会很头疼，这个孩子怎么不听话了？其实，孩子的任何一个行为，都有其内在的原因。2岁开始，孩子的自我意识开始萌芽，开始体会到“我”的存在感，而这种存在感，在当他/她偶然说“不吃”“不要”“不好”这些否定词的时候，体会得尤为深刻。孩子感受到了家长的强烈反应，这种反应比自己说其他语言来得更激烈更明显。在重复体验这种反应的过程中，孩子慢慢形成了稳定的自我意识。因此，当孩子开始有这个意识的时候，会重复说“不”的时候，是需要保护的。而这种保护，是建立在我们对“秩序敏感期”充分认知的基础上的。

第三个阶段，3~4岁的时候，尤其3岁半之后，4~4岁半，他/她会表现出升级版的说“不”的秩序敏感期，也就是变成了执拗、任性和胡闹的状态。其实这是儿童将外在的秩序内化的过程。在这个过程中，一旦成人破坏了这个秩序，他们就会严重哭闹和极度焦虑，然后他/她已经形成的自我意识被调动起来，通过激烈的方式，希望周围的人和事能够按照自我意识来支配，以此证明自我的力量。其实，面对成人破坏了已经被孩子的自我意识认可的秩序的情况，孩子这个时候所需要的是一个人能安抚他/她，能耐心安静陪伴他/她，认可他/她的情绪，认可他/她的自我意识，从而帮他/她抚平情绪。

刚才我们解读了“秩序敏感期”的三个阶段和常见的表现。分享一个我女儿在这个阶段的小故事。有一次我们去宜家买冰激凌吃，她不小心把冰激凌掉地上了，马上大哭起来。当时我的还没有吃，就对她说：“妈妈知道你不是故意的，没关系，妈妈的这个给你吃好不好？”没想到她突然之间哭得更伤心了，同时不停地说：“不要不要，我就要地上的那个，地上的那个是我的，这个不是我的。”看，这也是处在“秩序敏感期”的孩子，在面对被“自我”认可的秩序被打破的时候，会有的典型表现。

逆反敏感期

接下来，再和大家分享在这个阶段同样会出现的很让人头疼的“逆反敏感期”。比如，不让他扔玩具，他非要扔，并且这个过程他很开心，表现出来逆反的情绪。这种情况下，你跟他讲情，跟他讲道理，是完全没有效果的。他反而觉得这太有意思了。面对处于逆反敏感期的孩子，家长一般会说，“你不听话你就不要再玩这个玩具了”等等。

显而易见，这种处理方式是不对的。应该怎么办呢？其实，可以从以下几点看待这个问题。第一步，将孩子自身和孩子做的事情区别对待。这是站在我们的角度，来处理我们的情绪。你要让孩子知道，你是爱他的，要让他知道你并不喜欢他这么做。要让孩子知道，你爱他和他做的这件事情要区别开来，在不同场景下不同情况，智慧地对待。安抚他的情绪，让他安静下来，平静下来，你再跟他说这些话，他才能听得进去。

而且“我是爱你的”，这句话非常神奇。你经常跟他说，当出现这种情况时候，你再重复这句话，“我是爱你的，但是我不喜欢……”孩子会觉得，妈妈是爱我的，我这么做是有点过分了，他会安静地听你说。

第二步，我们要认可孩子犯错误。因为每个人都是在犯错误、改正错误中成长的嘛！孩子天生有自我反省能力的，他的情商、他的心智要智慧得多。我们要允许孩子犯错误，并且要有充分的耐心，等待孩子通过自我反省的过程，改正错误。这个过程，也许是当时，也许是一天后，也许是一个阶段，慢慢他会感受到你的包容，感受到错误的问题，内化为自己的行为准则，发自内心地认识到需要改正。我们要给他改正的过程予以适当地鼓励，孩子就会改正得很快。

第三步，孩子经常会“故意”犯一些错，目的是试探大人的态度和底线，或者是试探大人是不是爱他/她、你的宽容度有多大、你对他/她是不是有足够的关注。这个过程中，要让他知道，不管他犯什么错，都会得到来自父母的爱和宽容。

当爱填满内心时，孩子会反省他的错误，并且通过父母的引导，帮他分析这个问题，怎么改正这个问题。前提是要让孩子体会到你的爱。孩子在成长阶段中，发生任何问题，都和缺少爱相关联。有一个百试不爽的好方法，发生任何问题，你蹲下来和孩子的眼神在一个水平线上，然后温和而坚定地告诉他/她：“我是爱你的。”然后我们再来说其他的问题，往往能好解决得多。

占有敏感期

接下来再说说“占有敏感期”。这个阶段的孩子，其实自我意识已经发展了，知道什么是“你的”“我的”，他/她才会去选择占有别人的东西。除了这个，还有会打人、推人，这些都是“占有敏感期”的表现。这是因为人类在发展早期，都是从占有物品开始的。小宝0岁时接触玩具，用嘴去咬用手去摸，慢慢构建“我的”这个物体是什么。这时候他的重心在我的“玩具”上、在这个物体本身上。

当他自我意识开始有了萌芽，并且得到一定发展，他意识到这是“我的”玩具。而且他意识到，“我的”是无形的自我，精神意识层面。这个阶段孩子占有目的并不是本身，而是占有物背后的含义。

孩子首先要了解什么是“物权”、什么是“所有权”，才可能发展到愿意去分享。解决分享的问题，有几个原则。第一，我们要承认，孩子拥有这个物品，他可以自由支配这个物品。比如买了一个玩具，父母对孩子说：“从现在开始，这个玩具就是你的了。你有权利分享，同时你也有权利不分享。你还要保护好你的玩具，别被人抢走了。”你重复地跟他/她沟通之后，就慢慢帮他建立起来了“物权意识”。当孩子建立起物权意识，接下来你要传达给孩子：“别人的东西你要想玩，要征得别人的同意。同样，你的东西别人想玩，也要征求你的同意。你有权利同意，也有权利不同意。”

语言和诅咒敏感期

孩子开始对语言、句子表达意思感兴趣，并且愿意重复模仿别人说的话。这个阶段，你会看到孩子可能会很喜欢一句话或者一个绘本。或者说，当你偶然间很正常的一句话，但是在他听来他觉得很好笑，愿意重复模仿。这个时候他就进入了语言敏感期。这个时候，如果正确引导，他的分析能力、理解能力会得到很大的提升。尤其是在孩子之间，他愿意去说，以表示他和别人不一样的地方。

在这个阶段，孩子已经意识到语言很有意思，而且语言是很有力量的，而且能够表达力量的是诅咒感很强烈的话。“我要打死你”“我要杀死你”，父母这时候表现出来没听到，置之不理。他/她可能会成心地站在你面前，使劲儿跟你说。父母只需要冲孩子微笑，不去理会，一次、两次、三次、四次，超不过十次，孩子就不会说了，因为他/她觉得这句话没有力量。

肌肤触摸敏感期

孩子其实是用“感觉”发现世界、思考问题的，同时也能从皮肤和身体接触来获得爱的感受。但触摸肌肤敏感期，如果宝宝出生后一直给他充分的爱，则孩子3~4岁时不会有肌肤之亲的需求。

如果小的时候，我们比较忙，很少抱抱孩子，很少有肌肤相接。孩子到了3~4岁，内心渴望和需求被唤醒，需要通过爸爸妈妈弥补这种爱的感觉。表现出来就是非常黏人，缠着妈妈。如果儿时抚摩得到满足，这种情况不会发生得太明显。

Part 3
如何帮助孩子平稳度过敏感期?

作为父母，我们在这个时候应该怎么办呢？能给出的答案只有三点，也是至关重要的三点。

第一个法宝，充分的耐心。很多家长嘴上说能做到，但实际上有几个能够真正给孩子充分的耐心？尤其是在人多的社交场合，比如在小区里、在餐厅，当孩子突然爆发情绪，很多人可能第一反应是会觉得这么多人看着，孩子大哭大闹，引来很多围观，自己很尴尬很没有面子。这种羞耻和内疚的情绪很容易直接转嫁到孩子身上，于是冲孩子发火。

在这种情况下，我们不去安抚孩子的情绪，而是不断说骂，只能导致孩子的情绪越来越大，场面越来越失控。正确的方式很简单，你只需要蹲下来和孩子眼睛视线平行，然后轻轻抱着他/她，拍着他/她的背，安抚他/她说："妈妈知道，你的秩序被打乱了，我知道你情绪不太好，你想哭就哭出来，没关系，妈妈陪着你。"很简单的几句话，你就会很神奇地发现，很快孩子就会安静下来，不再哭了。

第二个法宝，对孩子完全的理解。这个"完全理解"，可能在不同场景下、不同问题下，需要有不同的解读。综合来说，就是要和孩子充分沟通，充分了解孩子的情绪来自于哪里，帮他/她把问题与情绪剥离。因为孩子是混乱的，他/她的意识刚开始萌芽，并没有很强的逻辑性。家长要帮助孩子把问题和情绪剥离开，帮助他/她一起看到底是什么事情使情绪受到影响。以这种理解的角度，安静地一起看待问题，他/她就会安静下来。我们可能会觉得，孩子才两三岁懂什么呀？事实上，孩子情商的发育还有心智的成长，我们感觉不到、触摸不到。很多时候，孩子表达不出来，并不意味着他/她不懂。

我不知道，有没有家长也有这样的体会，就是孩子刚开始学说话的时候，只是咿咿呀呀的很少的词汇，但没多久就突然会说好多话。我们认为他/她不可能理解的某句话某个词汇，其实孩子真的听懂了。其实，当我们成年人没有走进儿童的世界的时候，我们是不知道他们的认知发育到什么程度的，而往往是这种无知，导致我们往往低估了他们的能力。其实孩子的心智也好，情商也好，是完全先于语言发育的。所以，很多时候，你完全可以用成人的方式跟他们沟通，帮他们去舒缓情绪，告诉他们你的爱，很多问题就会迎刃而解。

最后一个法宝，就是“智慧的变通”。这要求我们能站在耐心和理解的基础上，先平复孩子的情绪，然后巧妙地找到解决问题的办法，让孩子体会到成功和快乐，从而慢慢把注意力转移到开心的事情上的过程。如果能够做到，当情绪被平复之后，孩子就能表现出来安静的状态、被接纳和充满爱的状态，他/她会感觉很幸福。

{金语}

1. 一定要尊重孩子，如果孩子从小得到父母的认可、包容，能体会到大人给他的尊重，他的创造性和学习的欲望就会被激发出来。孩子成长过程有自己的规律和法则，因为有爱，因为有被尊重，他的精力聚焦在学习上、能力上、探索上，不断让自己成为更有能力的个体。
2. 孩子6岁之前，我们要给予高质量的陪伴。高质量陪伴，不仅仅是说陪他/她玩，而是充分释放情绪、体会世界，更重要的是需要我们充分地观察孩子。
3. 尽可能给孩子准备一个丰富的学习环境。这个学习环境不仅仅是实景的环境，更多的是精神层面的环境。需要我们细心观察孩子不同阶段的需求，弥补他的需求。
4. 适时地协助而不是完全地干预。当孩子热衷某一个事情时，我们应该放手让他去做。比如，孩子某个时期对“剪刀”很感兴趣，我们适时协助，我们给他一个相对安全的环境和相对充足的物质，来满足他探索和学习的过程。

韩颖 Shirley

昆仑鸿星女子冰球队常务副总经理，瑞士库尔应用技术大学客座讲师。经济学研究出身，自称“中国的吉卜赛女郎”，曾常年在澳大利亚、加拿大、欧洲等地求学、工作及居住。曾任瑞士卢加诺大学研究员、联合国全球契约中国办事处外联主任、全球有机纺织品标准（GOTS）中国首席代表、中国新媒体集团行政总监等。

我所经历的四国幼小教育之感悟

话题

在大家眼里，Shirley 真是人生赢家，有着美好的婚姻，三个乖巧活泼的子女，还有完美的学习背景和令人艳羡的事业。最好奇的是，有着三个儿女的她，居然还保持着天使的容颜和魔鬼的身材，并且三个子女的教育规划也安排得井井有条。“中国的吉卜赛女郎”真是让人佩服得五体投地。

大家好，我是 Shirley，我有三个宝宝，老大是女儿，开学已经上到小学四年级（其实应该上五年级），老二是儿子，现在放暑假一年级，开学二年级（编注：2016 年 2 月刚刚添了三宝小弟弟，目前一岁多）。

我曾常年在澳大利亚、加拿大、欧洲等地求学、工作及居住。老大老二小的时候，我们在瑞士居住了 6 年，后来由于工作关系辗转中国香港、中国内地。所以，孩子们也在这几个国家上过学，有过一些摸索和思考，在这里跟大家分享。

Part 1
瑞士（德国）的幼小教育

瑞士的托儿成本很高。一个Baby Sitter（临时照顾婴孩的人）的时薪平均在20~25美金，公立的托儿所有人数限制往往进不去，私立的收费很贵，所以瑞士人一般做了妈妈之后，大部分在家做全职妈妈。当然，也有例外，像我这样生了孩子还持续工作的没有几个，这又是另外一个话题了。

特点1：幼教老师的素质非常高

在瑞士幼教与其他国家不同的在于几点：首先是幼教老师的素质。瑞士的幼教老师，一方面很强调纪律，另一方面很注意培养孩子的自理能力。举一个很简单的例子，在瑞士和德国的幼儿园，三岁半开始，20~25个孩子，只有一个老师。我观摩过他们的课程，仅有的这一个老师很有教学方法，三岁半四岁的孩子能被他管得服服帖帖一整天。

特点2：非常注重饮食的健康和用餐的礼节

幼儿园里没有一个孩子是挑食的。小朋友们吃饭前要听老师的指示，老师一般都会说一声：Bon Appetit（祝你好胃口），小家伙们也回应一句，然后拿起自己的餐具开始吃饭。餐饮的搭配也很健康，都是厨娘当天准备的，不是外面订的餐。每个人饭后必须打扫自己的桌子。带到学校的，一个是自己的肚兜，一个是小抹布。

特点3：非常注重户外活动

瑞士的幼儿园每天会有很多户外活动的时间，让孩子们在幼儿园的草坪和游乐场里打闹嬉戏，这也是锻炼孩子们Social Skill（社交技能）的一部分，因为各年龄段的孩子们都会在一起玩儿。我还记得女儿在幼儿园中班时交了一个“小男友”，金头发眼睛大大的非常可爱，每天下午我去接她，他们俩都依依不舍，她的“小男友”还邀请我和女儿到他家玩。这个小男生比我家女儿大一级，后来他升到小学以后我女儿还念叨了一段时间，说他是不是把自己忘了。

我女儿虽然没有读瑞士的小学，但是有朋友的孩子在读，所以我大概也了解。文化课，在欧洲来讲，比北美更注重数学。另外就是语言的学习，瑞士是一个多语言的国家，分法语区、德语区、意大利语区。比如孩子在法语区上课的话，第一语言是法语，到了小学四五年级，要学德语，到初中，初一要学第三门语言。在瑞士，每个人至少会讲两三种语言。

瑞士的小学，对动手能力很重视，手工课、木工课这些都有。全民运动滑雪也是非常重视。从小学一年级二年级，冬天圣诞节，学校带着全班孩子去滑雪旅行，家长不能跟着，走两三天都是很正常。这时候，家长和老师之间的信任度非常重要。

Part 2
加拿大的幼小教育

讲一下加拿大吧。我做学生时，跟随父母一起移民加拿大。那时候，正好妹妹在国内读完小学一年级，到加拿大继续读二年级。我是家里唯一会说英语的成员，所以经常代表父母给妹妹开家长会，做一些义工，这样一来我对加拿大的小学也比较了解。

特点 1：教师资格要求非常高

加拿大对老师的要求非常高。不像国内有师范类院校，加拿大是大学生本科毕业后，平均成绩在80分或以上（在加拿大大学拿80分以上很不容易），才有资格去报考教育学院。考上了教育学院，还要读2年，毕业之后继续做实习生，才能拿到教育资格。在加拿大能当老师，哪怕是小学老师，其实等于要读完研究生，其起点、资格、资历还是挺高的。

特点 2：注重个性和体育培养

加拿大幼儿园，也没有什么文化课。公立小学对孩子没有太多纪律性，孩子在一个课时里，不一定坐在桌子上，有趴着、有坐在地上，随时可以发言，随时可以叫老师。一个老师管一个班，她是班主任，也要负责教授大部分的文化课，包括英文、数学、常识，还有体育。加拿大非常注重体育，每堂课的开始，老师会指令孩子们去跑步，这样有助于上课时集中精力，每天在户外的时间非常多。现在看来是对的，因为只有优秀的体能才能保证学习有耐力。

特点 3：注重阅读能力和自我学习能力

加拿大幼小教育的教学也不太一样，除了英文的拼写语法之外，它更在乎阅读

能力。每个礼拜规定必须至少要读多少本书、去图书馆借多少本书。除了提高阅读以外，还有自我学习能力及展示能力，老师说，下一堂课我们要学天文，比如你喜欢火星，怎么找资料我会告诉你。你去找资料，然后把火星画出来，做成一个海报。每一个学生都不一样，拿着自己的海报，到台上跟大家分享。这就是经常会用到的一种教学手段。

Part 3
香港地区的幼小教育

说到香港，我现在住在那。老二当时去香港时正好上幼儿园，老大上了一年国际学校，后来转到本地学校，我也告诉你为什么。

特点1：繁体字教学

先说老二弟弟。我当时想得比较简单，就想找个就近的本地幼儿园就好。教会幼儿园和香港本港的幼儿园，以广东话来教学，大部分是中文繁体字。我发现有很多不一样，中班就要开始写字，写繁体字、基本的用字，还要写自己的名字，笔画很复杂。

再说说姐姐。姐姐是第一年国语读的，第二年英语读的，第三年又学的广东话，也是挺不容易的，但她还是赶得上。其实姐姐是留了一级。我们去考香港本港学校时，校长拿出资料说，你这个孩子是无论如何跟不上的，因为还要重新学习繁体字。我们也有此考虑，所以从二年级开始读起，一直到四年级她就一直在这个本土学校，现在准备回北京升五年级了。

香港本港小学，压力也是不小的，每天的功课，至少要1个小时。香港的小学教学是“三言两语”，“三言”是英语、广东话、普通话。“两语”，英语和中文，中文我指的是繁体字。

孩子们在课程中有这几个科目，一个是中文，广东话教的，繁体字；普通话，也是繁体字，教拼音，普通话老师教。还有常识，包括生物、化学、物理、时事新闻，包括香港政府体系。孩子二年级时，我陪着孩子参观过立法会。孩子们在学校里，被要求订报纸。例如《民报》，报纸里有一个儿童版，孩子们要读，包括一些国际趣闻、时事，这些都是常识科考试时要出的题目。

香港学校学习的压力一点都不比内地少，数学可能相对要浅一些，但中文比较难，难就难在繁体字。在没有学拼音的情况下，要死记硬背很多繁体字。繁体字笔画是比较复杂的。我们家老二在上小学一年级时（和姐姐同一学校）就因为认字比较慢，经常考数学及其他科目时看不懂题目就做错了。

特点 2：教师非常有耐心

香港幼儿园的老师都非常温柔。一个班大概20个孩子，有两个老师，一个助教，一个老师。早餐、点心、午餐、下午点心，一天在幼儿园吃四顿，中午睡一觉，我们家弟弟不爱睡午觉就被老师揪着练习他的广东话，不到2个月他讲得就和当地的孩子一样好了，连口音都没有。老师们非常有耐心，这一点让我很感动。学校还会请教育专家来讲座，还有家长工作坊，经常把家长聚在一起，喝喝茶吃个点心，一起讨论各种教育问题。

我们家老二弟弟，不是太爱学习的孩子，比较爱偷懒，经常在老师面前耍赖。可能因为比较讨老师喜欢吧，也没有太为难他。但是我也看到，老师对其他孩子也非常有耐心，从来没有骂孩子，羞辱孩子。校长也是如此，这么多年每天早上及放学的时候都会站在门口，一个个打招呼，这也是很难得的。

特点 3：每年有非常多的亲子活动

香港的幼儿园，每年还会组织许多亲子活动，比如，春天、秋天郊游，圣诞一起去尖沙咀看圣诞灯等。 过农历新年的时候，老师带孩子去维多利亚公园的花市。老师让家长给孩子30元港币，让孩子自己买一些心爱的小礼物给家长。香港的幼儿园对家庭观念的教育很好。刚开学时，让孩子把家里全家福照片带到学校。第一堂课，就是我们的家。孩子要做一个海报——“我们的家”，要挂整个学期。学期末，老师都会给每位家长准备一个大的塑料夹，里面有每一学期小孩子做的小手工。老师还会跟每个家长见面，汇报孩子这一个学期的成绩。

在香港小学里，家长也要做很大功夫，对学校的活动，要踊跃参与。就算我经常出差，也需要腾出时间来，游泳日、英文日，圣诞节义卖时也要做义工，甚至每年还有一天“卖旗日”——就是让家长陪着孩子走上街道，向陌生的路人募捐。家长对于学习活动的参与，校长和老师都会看在眼里，清楚地知道每个家庭对学校及社区的贡献，所以家长的支持对学校也非常重要。我女儿所在的是圣公会小学，老师会教一些《圣经》小故事，还有饭前感恩祷告。这个氛围我很喜欢，而且孩子也很喜乐，会有感恩的心。孩子这次回到北京，要求我找教会，因为他们喜欢《圣经》，喜欢唱诗。

特点 4：香港国际学校学位非常紧缺

香港的教育体系，大概分为三类学校：政府学校、直资学校、国际或独立学校。政府学校就是纯政府资助。直资学校，有部分政府资助，招生标准自己定义。政府学校必须接受本区的孩子，是以抽签的形式确定。国际学校和独立学校，例如澳洲学校、加拿大学校、哈罗学院，这一类学校在香港不是特别多，一般学位也比较紧。

学费方面，独立学校的学费非常贵，学位也要排好几年。不是因为学校好才要排几年，是因为香港老外非常多，在香港工作几年，再回到本国这种情况非常普遍，他们的孩子必须读这类学校。这样就造成了这一类学校供不应求，门槛也比较高。我考虑不继续读国际学校的原因，主要是想让孩子读好中文。

政府学校的小学毕业生，一般都可以报考本区的中学，当然跨区也可以，要单独参加入学考试。香港有一些拔尖的政府学校，也有拔尖的直资学校。我孩子在的这所学校也是本区比较好的小学，我费尽心思给校长写了封求情信，亲自递到学校，才有了一次插班考试的机会。

我的初心：让孩子把中文学好

分享了这么多内容，我觉得每一个家长，对孩子的诉求点不太一样。根据我个人的情况，我觉得，孩子到了高中以后，不会在国内读书，不会与本地的孩子们争夺国内的教育资源，所以我相对来说放松很多。我对他们最低要求，是把中文学好，起码能看报纸看书。我反而对孩子的英文教育没有那么多。

为什么我没有那么注重英文教育呢？大家不要误会，不是孩子生长在一个双语家庭他的英文就一定好。弟弟他的中文成绩比英文好，我也不是那么紧张。一是我根据自己的经历，我的英文是十几岁开始学，我学得很好，也用英语完成了自己的大学文凭。我觉得，英语是一门相对简单的语言，而中文是最难的。孩子一定要把第一语言学扎实，他的第二、第三语言的基础才能打得更好。我非常相信这一点。

虽然有一个双语的家庭环境，我一直把中文作为孩子第一语言。我从孩子出生第一天起，一直跟他们讲中文，包括我坚持把他们带回中国，学好中文。那么再学英语包括其他语言，意大利语、德语都不是问题。这一点，是我跟其他家长观点不太一样的地方。

我经常开玩笑说，我们中国人挺厉害的，可以把英语讲得跟老外一样好。没有几个老外可以把中文讲得跟中国人一样好。其实英语就是一个语境问题。各位姐妹，如果有计划比如中学、大学把孩子送到国外读书，其实小孩子阶段要把中文学得好一些，他的英语是不会有问题的。

香港大部分的家长也会很紧张孩子的英语，他自己本身英语就不太好，用港式英语跟孩子沟通，甚至不是用自己的母语。我觉得其实是把孩子教坏了。那不如，以后等到有真正英语的环境的时候，再让他去学。

另外一个，可能很多姐妹会想到这个孩子快乐不快乐，或者相反，可能有些家长会觉得，压力越大越好。其实，我觉得不用太极端。无论哪个学校，孩子大部分时间是和老师和同学在一起。一个是看老师，还有他周围的孩子，这个是最重要。孩子的教育是比较个人的选择，每个人的着重点不一样，我也愿意和大家讨论。

{金语}

1. 英语是一门相对简单的语言，而中文是最难的。孩子一定要把第一语言学扎实，他的第二、第三语言的基础才能打得更好。
2. 无论哪个学校，孩子大部分时间是和老师和同学在一起。所以，老师以及周围的同学，这两点对孩子的成长来说最重要。

应知非

知行家旅行机构创始合伙人，喜马拉雅 FM《我是绘本妈妈》创始人、主播，“我是绘本妈妈”公益计划、“知爱行走”旅行计划创始人，国美在线特邀嘉宾。十年“大文娱”行业从业经历，2013 年开始当妈，2015 年成为幸运的“二宝妈”，在育儿过程中，不断修行和修正，对亲子领域的事物和项目有着天然的学习能力。

让绘本为爱升级

话题

知非在分享中有一句话我很认同："家长的阅读习惯很重要，全家都不爱看书，就指望孩子看书，也不是很合理。所以，整个家庭的阅读氛围和习惯，对孩子的影响很大。"与孩子一起读绘本这件事，看上去是"妈妈的专属工作"，其实是一家人"将爱升温"的美好契机。这堂课，让我们知道了绘本的神奇魅力以及我们与孩子之间的"神奇链接"。

大家好！我是应知非。我是一个爱讲故事的妈妈，有两个爱听故事的孩子（爱讲故事的哥哥和爱听故事的弟弟），有一个爱听我讲故事的爱人（爱和我一起听孩子们讲故事的爸爸）。

如果你来我们家，会看到在游戏区的书架、厕所边的书架、床头的书箱，里面有我的、有他的、有孩子们的"精神食粮"；如果你和我们出去玩，会发现我们最先装进背包的，就是大家平时爱看的书；如果你找不到让孩子安静下来的办法，我会告诉你——和孩子一起看会儿书吧！

是的，在绘本、故事、书的带领下，我们找到了与孩子一起感受这个世界的小秘密。

Part 1
绘本是孩子的启智钥匙

绘本对于孩子的重要性，我觉得不用再强调了，每个妈妈相信都懂得——绘本是孩子的“启智钥匙”。

我做个不恰当的比喻，就像是咱们新员工入职时，人事部的同事给你介绍工位、办公区、休息区、打印区等，在你以后用得到这些区域的时候，你自然会走到那里。想喝咖啡，你不会去会议室；想开会，你不会去健身区。其实绘本也一样，通过文字、图画、阅读，建立孩子对事物的基本认知和想象力，但是与新员工介绍不一样的、更深入一些的是，让孩子了解前因后果、是非对错，有基本的世界观。通过图画进行发散的联想，培养孩子的逻辑、想象和审美能力。

在“讲”的过程中，让孩子与你一同慢慢成长

我要强调的重点是：“讲”，有人讲和孩子自己看是两码事。有些朋友喜欢买书，成箱买，买成金卡、钻石卡，必须得开车才拉得回去，可是不喜欢讲，一般一个故事就给孩子讲2~3遍，自己就烦了，就让孩子自己看了，这是远远不够的。对于孩子来说，他的小眼睛比我们观察得要细腻，他不但看画面上的主角，他还看配角，看颜色，甚至在长期的讲述中，他还能判断文字。

以我的经验，在能力忍受的范围内，我会尽可能地给他一遍遍地讲，重复，让他感觉到每个文字、每个词语的力量，让他看到每幅图画的细节，直到他爱上别的新书，这本书我就放起来，到一个月之后，再拿出来。

用合适年龄的绘本吸引孩子阅读

每个年龄，有对应可以读的绘本。

比如半岁之前是卡片、布书，不需要字，颜色鲜艳的感官刺激就好；一岁左右，可以是手掌大小的硬面书，边角要是圆滑的，一本书一张图那种，让孩子一看到就喜欢；一岁半左右，就可以看有点情节、习惯类的书了，还有很多一本书20页以内的，讲一个完整的故事；两岁以后，书的选择更多了，可以选择好习惯好品德这种教育类的，也可以选择《不一样的卡梅拉》这种情节类的，也可以选择《葫芦娃》这种中国题材的；到了三岁左右，开始“为什么”时代，可以加一些科学类的；三岁以后孩子有自己的爱好和习惯了，就可以多去“书海”里自己挑选了。

我在怀孕的时候，买了一本《尼尔斯骑鹅旅行记》，这是唯一一部获得诺贝尔文学奖的儿童文学作品，故事情节、语言描述、逻辑顺序，都非常棒。但是我直到现在都没有给孩子拿出来，因为他才四岁，文字看不太懂，不容易自我阅读或者产生兴趣。

买什么书？尊重孩子的选择，而不是家长的

我会经常带孩子去书店、图书馆，观察他对哪些书是真的爱不释手，从孩子的眼神，和他拿的书的类型，大概能判断出来，孩子选的主要是主题和内容点。

比如我的孩子，就很喜欢恐龙、飞机、葫芦娃的画面，我在选择的时候，除了必选的那些，就会给他插进一些他爱的。对于他不是很感兴趣的主题，碰到特别好的，我也会买，但不会按照我的思想买，而是按孩子的喜好来。

我需要让他明白大框架，但不能界定他在这个大框架下必须做什么，得尊重他的判断，因为看绘本是他认识世界的通道，养成的是他的习惯，所以，要充分感受他的感受。

一般在书店，我只允许孩子带一本走，其他的我会用手机拍下来，在网上买，价格会省三分之一左右。

盗版绘本危害多，选择要慎重

很多妈妈问过我一个问题——盗版绘本的问题。在我做绘本活动时，经常能看到有孩子拿可能是盗版的绘本，我不能以偏概全，我所知的大概分三种情况：

一是质量较好的改版绘本，比如说，原版是横开的，改版是竖开的，换了个出版

社，但是也能看，画面质量无衰减，无别字，价格是原版的一半，这样的我叫它超A绘本。

二是印刷质量不行的绘本，比如原版是硬皮绘本，它变成一个很薄的软质的，纸张质量很一般，类似咱们在路上收的小广告的那种铜版纸，这里不说内容，就是印刷质量我就非常不推荐。这种铜版纸在粗略的裁剪下，纸边容易拉手，容易破，我儿子的手就被拉破过一次，所以后来买的新书，我都会把边稍微用砂纸磨一下。另外就是这种绘本的画面都是翻印的，效果非常不好，有些会变形，有的甚至少页，不推荐，在淘宝上，价格一般在4~10块钱，没什么高品质的书。

第三种是内容非常没有养分的，销售渠道一般是市场、小超市的货架，都是对故事主题的新包装，但是错别字连篇，画面对不上，这种相信大家只要仔细看看就不会买，但是有时候，在淘宝上买，也要注意鉴别。

大家多去大书店，就自然能感觉到好绘本和差绘本的区别。

Part 2
轻松而温暖的亲子阅读

阅读姿势和位置

从亲子阅读的经验来说，孩子坐在身边，或者抱在怀里，感觉都是非常好的，因为我有两个孩子，所以一个抱着，一个坐在身边，怎么舒服怎么来。在这里我想重点分享：阅读的过程，最好是很轻松的，也是很简单的。

孩子能坐住就坐，坐不住不要勉强，有时候孩子乱跑，可能我们会说：“好好听着，不好好听妈妈不讲了。”可是对于孩子来讲，对“好好听着”的理解可能和我们不一样，他喜欢边听边溜达，我觉得轻松的氛围，对孩子进入绘本世界是很有必要的。

另外，在这里分享一个观点：家长的阅读习惯很重要，全家都不爱看书，就指望孩子看书，也不是很合理。所以，整个家庭的阅读氛围和习惯，对孩子的影响很大。

阅读的方法

方法对于孩子认知图书和阅读习惯的建立也非常关键，着重说以下几点。

书名、作者、出版社，这些我是一定要读的，因为这就是知识版权的建立，我希望我的孩子有这个意识，知道作者、译者、配画的概念，知道出版社的意义。

另外，扉页、引导页，其实都是作者用了心思的。扉页，一般会有主体色并带有这个故事中元素的涵盖，就像是一个薄薄的窗纱，也许大人不知道的意义，在孩子的求知欲和好奇心驱动下，被充分发现了。引导页，有些书有，有些书没有，如果有，也是作者花了心思的，通过整个故事的了解提出的小的问题，或者概述后提一个小问题，这些也可以激发孩子的求知欲。所以，不要囫囵吞枣很快翻过，给孩子一个观察的机会，留足激发的时间。

家长提前读一遍

家长，尤其是当妈妈的，作为孩子的主要教育者，要先看一遍绘本。拆开塑料包装，从第一个字、封面，到最后一个字、封底，都要仔细看一遍。有些绘本会有很好的给家长启蒙的叙述，告诉家长这个绘本的内容，或者作者的介绍，或者这本书的系列，都使家长可以融入到故事的讲述里。另外，还要检查绘本或者故事书的质量，看看有没有连页、重复或者因为印刷问题两页在一起的情况。我还会把纸边都稍微加工或者磨一下，因为我孩子的手被划破过，所以更注意一些。

其次，语气语调。个人觉得更好的方法，是情绪饱满地讲，也就是声情并茂。有故事情节的，注意好在高潮时候的语速语气，在铺陈的时候抑扬顿挫。听起来似乎很难，其实不难，把自己当成鞠萍姐姐，给自己点暗示，都能做到。还有就是人物对话，我个人是建议要模仿几个角色的感觉，有些书有3个角色，非常好模仿，有些书，有6个，你就需要提前做工作了，稍微看一遍，心里有数。另外，有些书有好多角色，比如《海底小纵队》《不一样的卡梅拉》这类，角色很多，就别勉强自己了。妈妈们只要尽力就好，给孩子一个饱满的情绪，在以后的阅读、表达方面都更有用。不需要妈妈们苦练朗诵，达到自己合适的水平就好，不用勉强。

除了妈妈，也给家里其他人机会，比如爸爸。爸爸的语调、语气，甚至对故事的理解都是不一样的，会让孩子有更多的体会，对故事，甚至是男人、女人的区别有更多微妙的认识。所以，希望妈妈和爸爸有时间能多沟通，有些家庭，讲故事是妈妈的事，其他人不参与，我觉得不是长久之计，全家人都可以在鼓励下、培养下给孩子讲故事，一方面减轻妈妈的压力，一方面让孩子感受到家庭的文化滋养。

什么时候阅读

我家老大基本是无时无刻不要求讲故事，睡觉前、睡醒后、吃饭前、阅读时间，我基本不会反对。但是需要注意的是，在孩子不爱睡觉或者不爱吃饭的情况下，不要用故事去诱惑他，如果你决定了给他听故事，就无条件地让他听；不听，就坚持原则不要听。不要说孩子好好吃饭就听，不吃就不听，这两件事不是一回事。在阅读方面，要无条件、无门槛、有原则地进行管理和判断，这需要妈妈对自己家的孩子用心观察。

另外，睡觉前是很重要的亲子时光，我的很多美好的故事记忆都是在被窝里的。所以，这段时间是一定要把握的，一方面选有意思的书，另一方面，这个时间段孩子最乖最安静，可以选择一些好习惯方面的，或者针对孩子性格发展有引导性的绘本。

有的家长问过我，孩子要求一本一本连着讲，怎么办？我个人的经验和办法是，今天约定讲五本就讲五本，听不够也就五本，五本之后，关灯；约定十本就是十本，妈妈累了也要做到。我的孩子在这方面很好管理，不会要求一本一本连着讲，但是在开始定数量的时候会讨价还价，这是孩子跟你周旋。谈判的一个好办法，我说两本他说五本，一次次下来，有时候他能达成目标，有时候他达不成，这个过程就很有意思。

成长过程中的 moment，对于孩子是很有意义的

我们小区的大树下的聚会，其实就是一个绘本的 moment，因为我们小区有几个妈妈是很注重早教的，所以大家一碰，这事就变得很容易，不定期的会结合一些其他的元素，比如泼水节元素，孩子讲完故事玩游戏，玩游戏后爸爸们会拿来很多水气球，一起砸着玩，这就是 moment，让这件事情更有意思。

另外，可以让孩子多听听自己讲故事的声音，其实我在开始做喜马拉雅的时候，就是想让我的孩子，用这种方式听到自己的声音，这招很管用，他现在会模仿着语气给大家讲故事，在其中找到自己的成就感。等孩子再大一些，speak out就会是一个本领，说句玩笑话，川普当选后，他那几个超级会演讲的孩子给他带来不少粉丝。

别担心你的普通话，有耐心就够了

普通话，是很多家长都问过我的问题，有的是家长的普通话不标准，有的是奶奶爷爷的不标准。有的家长认为普通话不标准不能给孩子讲故事，会影响发音，可是，别忘了，你是每天要和他说话的，其实你的言语在说话中间就已经传递给他了，而不只是通过故事，所以，我建议普通话其次，先让孩子爱上绘本，爱上读书的感觉，这比发音重要得多。

在准备这次课之前，就这个问题我也特意请教了一位北大的教育方面的教授。教授告诉我，孩子的语言修复能力很强，你的四川话，他的东北话，她的河北话，在他那里都会自动校正，在他进入学校后，口音很快就会校正过来。而且，方言对孩子

的语言发展很有益处。所以，这点上，我建议大家放心地讲，让爷爷奶奶、姥姥姥爷讲，让阿姨讲，重点是好好地、有耐心地讲。

让孩子去感知书的魅力

照着讲还是发挥讲，是很有争议性的一个话题。

我的经验是，买好的绘本，照着讲，然后让孩子自己去想象、发挥，你不用告诉他这是抽出新嫩芽的小草，这是蔚蓝的天空，但是要相信，这些都会在他小脑瓜里面转。这些画面，在他的感知世界中，脑子里都会有回应。

另外，我不想用我的想象力去干扰他的想象力。所以我建议，按照书面内容讲。

Part 3
绘本是个窗口，不要用大人的镜片盖住它

其实中国的教育就是有这个特色，比如100个好品德故事、孔融让梨这类，都希望孩子在书本中获得看得到、摸得到的实际教育意义。有的家长也会讲出来，比如大家都知道的《大卫不可以》，这套书卖得很火，我购入这本书的时候，老人不让讲，说这书不好，坏习惯都学去了。可是在我的实践中，发现孩子有是非观，他完全知道这是不好的。所以，我在讲故事的时候，有些寓意我不会刻意讲出来，我相信孩子内心会有判断，就像我们在新员工入职时，告诉他咖啡机怎么用，但不用强调让他喝咖啡一样。故事的理解和意义，是孩子的认知和自由，并不建议加以放大、固化。

另外，国外的绘本，有些是大人看不出教育意义的，孩子也非常爱看，也没必要引申意义。有些书就是闲书，但是也有闲书的作用，不能轻视，更不要强加所谓的意义。

要讲英文原版绘本吗？

这个问题其实我也很纠结，我个人建议看家庭环境和家长的英文水平，如果家庭环境不说英语，总是让孩子在固定的项目上用英语，反倒会压住他的兴趣。如果家庭有英语环境，比如孩子父母会有英语对话的时间，孩子自然也会跟上几句。在这里，英语好不好跟方言情况类似，孩子接受语种很容易，到了合适的环境，优化语法和口音也很容易，不用担心一个飞速成长和转动的小脑子。

如果有英语的环境，比如幼儿园，或者英文绘本馆，还是建议家长带着孩子去，多方面地接触多类语言，对大人对孩子都好。

复原一次讲故事的流程，希望每个孩子都能享受最美妙的亲子阅读

第一步，我会经常变换书架里的书，让孩子总有新意，但是新书每周只有1~2本；

第二步，孩子要求，并且自己拿着书来找我；

第三步，找一个舒服的地方，闲事处理干净，手机放在别处；

第四步，确保他坐在一个距离合适的位置，如果坐在腿上，要注意拿书的距离，如果坐在旁边，要靠近一些；

第五步，灯光调整好，有时候我会开台灯，有时候不会；

第六步，问问他为什么要挑这本书；

第七步，开始封面、出版社、作者、译者等一页页讲完，中间看情况会互动些问题；

第八步，讲完了跟他聊聊；

第九步，要求孩子把书放回去。

其实，绘本的阅读说到底就是读书，只是读的内容、读的形式、读的人不一样，是家庭生活的一部分。

自在、轻松的阅读氛围加上好的家庭阅读习惯，再加上父母的引导和榜样，分享出来，相信每个家庭都能像我们一样，与孩子一起享受悠扬、安静、美好的成长时光。

TO

夏欢欢

现任紫葩国际文化传媒有限公司CEO、著名制作人，央视2017年文化类现象级节目《朗读者》执行总导演。中国传媒大学文艺编导本科、硕士毕业。原中央电视台导演，曾制作过央视中秋晚会、《中华情》大型晚会、央视一套大型综艺节目《梦想合唱团》、《梦想星搭档》等。

你真的知道“亲子游”的奥秘么

话题

这个话题，每一个妈妈都非常关心。中国处在消费升级阶段，家庭出游已成为一种习惯。有人说，亲子游能增加孩子的适应性和情商感知力。有人也在“妖魔化”亲子游这件美好的事。你真的知道“亲子游”的奥秘么？欢欢开讲，从自己的“亲子游”说起。

大家好，很高兴以妈妈的身份来跟大家分享一些我的育儿理念和经验，作为一个职场妈妈的我，陪孩子的时间不是很多。除了每天下班回来的那点时间，周末和节假日也尽量抽出时间，希望能带孩子脱离“全家呵护一个宝贝”的这种环境。

我从去年开始，跟小区里面的几个妈妈们一起，组织了几次“妈妈 + 宝宝”的小群体旅行，这次跟大家来分享一些我的心得，我的主题是“亲子游结伴的意义”。

Part 1
我的“亲子游”

首先聊聊我们的初衷和这个巧合的契机。怎么会想到几个妈妈带娃一起出去玩呢？这源于我去年一年都没有出去旅行，可我又是一个特别需要阶段性出去放松的人。于是，就想我自己带孩子出去，但是又怕孩子觉得无聊，自己也搞不定，于是就有了结伴出游的想法。

起初没有想好要找谁结伴，因为结伴一定是妈妈们非常熟悉、孩子们也很熟悉的人，这两点尽量都要满足。原因就是妈妈们和孩子们都需要自己的“伴”。这个“伴”的选择太重要，因为除了大家互相熟悉以外，还要相互能够玩到一起去，这是一路支撑下来的很关键的一点。否则游到半路大家之间出了分歧或者小朋友们一直无法和平相处，那么这趟旅行一定是闹心多过开心。

结果很巧合的是，我们小区几个小朋友们玩得很好的孩子妈妈也有想出去玩的意愿，大家对了一下时间，刚好凑到了一起，于是我们一拍即合，当即决定了这次行程。我们的第一站是新加坡。事实证明，这是一个非常正确的选择。

其次说一下我们的准备工作：攻略就不用说了，肯定是要好好看一下，哪里值得带孩子去玩，有哪些注意的事项，还有就是订机票、酒店、车等。因为我是电视台做节目出身，最大的一个特点就是执行力极强，我们这次出去大家确定了之后，我就迅速给大家办理了签证、机票、酒店，也让这次行程越来越确定，我们也都越来越期待了。

在这里也多说一句，如果是几家确定一起出行的，一定要有一个人来专门负责组织工作，比如说签证，现在大家平时比较忙，有时候真的会没时间，或者拖延症，导致有的人最后签证办不下来，影响出行。如果有一个统一的人来督促大家什么时候该做什么，甚至统一收上来护照，找统一的代办公司帮忙办理，那会大大降低整个行程的不确定性。

当然在这个过程中，大家信任特别重要，我每次会把签证、机票、酒店、接送车等的价格发到群里让大家确认，没有问题之后我就直接下单，我们都是在回来之后统一结算。互相信任特别关键，有了信任就不会有任何不愉快。幸运的是，我们的这些“旅伴”都是这样的一群互相信任的人。

另外，带孩子出去有几个需要着重考虑的，比如，不能太远、不能太奔波、尽量条件不要太差，以休闲度假为主。基于以上考虑，我们选择了在“圣淘沙”作为主要阵地。这样去环球影城、海洋馆等很多地方都非常适合孩子，晚上吃饭就在海边，还有烟花看，妈妈们无比放松，孩子们无比开心。包括后面的几次行程：珠海长隆、香港迪士尼公园等，这些地方都非常适合孩子们，而且基本上一个地方就可以玩得很开心。带孩子尽量不要太多地方换来换去，节奏可以放慢下来，享受静止下来的欢乐时光。

还有一个很重要的经验之谈：一定要带一个小推车出去，方便折叠的。我们第一次出去是3个妈妈带3个宝宝，我们都带了小推车，发现了其方便之处，第二次出去是5个妈妈和5个宝宝，新加入的两个妈妈没有带小推车，一路上很辛苦，玩得也不是很尽兴。并且全程要照顾到孩子什么时候累了，累了需要中断游玩。第三次4个妈妈4个宝宝，全部都带了小推车，基本一路顺利，孩子们也尽兴，妈妈们也轻松。

小推车的好处是什么呢？首先，小推车可以在孩子累了或者无聊的时候坐在上面，免去动辄让妈妈抱的辛苦；其次，小推车上一般都可以挂东西，下面有置物篮，也是可以放东西的，比如一些伞、小毛巾被这些东西就都可以存放在车上，在需要的时候拿出来使用；最后，小推车可以在孩子困了的时候，在车上直接睡，不必因此而让妈妈慌乱地回酒店，或者打断游玩的节奏。

因为在我们每天的行程中，宝宝们玩得太high了，下午的时候，有的宝宝就困得在车上睡了，有的就强打精神不睡，这种不一样的节奏如果没有小车就会很让家长挠头。我们第二次行程中就因为这样让一个妈妈中断了游玩，必须抱着孩子回去酒店睡觉，因为她没有准备小推车。

简单说一下我们准备的东西吧，随身携带的一定要有的：孩子两套可换穿的衣服，比如我们去新加坡，孩子们就经常玩水，环球影城里面和外面有很多喷泉，很可能会把衣服全部弄湿，孩子在一起玩得还很疯，有的甚至会全身湿透。这时候如果没有备换的衣服，那就真的悲催了。另外，需要准备一件可以搭在外面穿的薄外套，因为很多室内环境空调都开得很大，容易生病，这个也要随身携带。还有就是一些简单的小零食，水壶这些。除此之外，其他的都是可以根据情况决定带或不带了。

Part 2
“亲子游”为什么要结伴

其实我重点想分享的是，旅行中玩伴的重要性。不知道大家有没有这样的一个困扰：首先，提到要出去玩，通常会有人反对说带孩子出去又辛苦又累。其次，一般出去玩都是全家老小一起，然后老人会把更多精力放在孩子身上，到最后并没有玩得很尽兴。或者是夫妻两人带孩子出去，结果一路非常累，感觉孩子带着很费劲。我想说，我们出去这几次，所有的妈妈都非常爽，非常放松，非常省劲儿，孩子们也有特别不一样的成长。

为什么大家经常会说累?

事实是，我们也有全家老小带孩子出去玩过一次，之后就只能是周边小范围内玩闹，因为孩子觉得很无聊，会不断要求我们陪她玩这玩那，而她却完全对我们想玩的东西不感兴趣，我们之间的兴趣点始终无法契合，最后要么是我们硬着头皮陪她玩她喜欢的，要么就是她全程不开心地陪伴我们逛这逛那。

而在我们的这个结伴游的过程中，妈妈们完全解放出来了，我们不需要每分钟都去关心她开不开心、乐不乐意，而是几个小朋友会时时刻刻找到他们都很兴奋的点。比如我们去环球影城或者海洋馆，他们几乎是非常兴奋地一个接着一个玩，比如我们在海边沙滩上吃个饭，他们吃完饭就在我们旁边玩沙子，我们妈妈们懒在那里，聊聊天，看看烟花。比如我们去逛街，孩子们就一起也模拟挑东西，或者就在人家的沙发区玩玩具、吃东西。总之，完全不会影响妈妈们的好心情。

其实小伙伴们的存在，不仅仅是增加了行程中的乐趣，最重要的是，孩子们的成长是无形中的。爸爸妈妈们经常会讨论的问题就是，孩子小，带她出去有没有意义，她又记不住什么东西，出去完全没有意义。其实他们到底能记住什么东西，这个我也不是很确定，甚至说这种旅行在孩子的心灵深处能带来什么，我也不是很确定，但是我肯定属于同意带孩子出去的那一派。我的理念：你不确定有什么附加值，但是可以确定的是不会有什么不好的影响，那么就去尝试一下，也许能有好处呢。果然这几次，我们看到了孩子的成长，非常明显地看到了。

首先，我们是处在一个并非是全副武装、安全感俱全的一种情况之下。换句话说，孩子身边亲人越多，爸爸妈妈、姥姥姥爷、爷爷奶奶，人越多她会越有安全感，她的依赖性越强。但是对于我们这样的行程来说，不管有多少小朋友的陪伴，对她来说，她的亲人只有妈妈。又是在一个相对陌生的环境之下，那么她内心会有一种人的本能被激发出来，就是在困境中的坚强，虽然出去并不是困境，但对她来说并不是最有安全感的情况，她要跟妈妈一起抱团取暖。

在我们第一次新加坡之旅中，就出现了很多让我们特别感动的瞬间，比如有一次我们要上一个台阶，当时旁边并没有电梯，也没有无障碍通道，妈妈们就需要自己抬着小推车上台阶，结果几个孩子原本是在一起蹦蹦跳跳地上台阶，此时他们都不约而同地跑过来，帮助妈妈抬小推车。虽然他们也不一定真的能帮上忙，但是我们几个妈妈都在跟宝宝把小车抬上去之后，给了他们一个吻。因为在他们的意识中，知道了妈妈们此刻需要他们的帮助，而他们也并没有把自己当成仅仅是需要被照顾的小孩子，而是当成了妈妈此次出行的partner（伙伴）。

还有一个例子，某一天旅行的晚上，我给宝宝洗完澡，跟爸爸通微信的时候，爸爸问她开不开心，她说很开心。同时紧接着就说了一句，但是妈妈很辛苦。爸爸问她，妈妈为什么辛苦，她说妈妈要给我拿衣服，要用小车推着我，要给我带水，还要带我去吃饭……当时我和爸爸都很惊讶，她默默地在观察妈妈为她做了什么，并且她感恩妈妈做的这些事情，这跟平时在家习惯被照顾的小公主完全不一样了。

其次就是孩子们在一起，我们曾经担心的吃饭、睡觉等问题全都不存在了，甚至比以前在家里有了非常非常大的提升。我们每次吃饭的时候，孩子们都是比着吃，抢着吃，一个比一个吃得好，吃完饭吃水果也一样，不像在家里的时候，动辄姥姥姥爷就要上手喂，有的孩子听说还要追着喂饭的。

我们出去玩，孩子们都是自己吃，很少会有需要喂饭的情况出现。睡觉和早起，也都非常有规律，由于白天的消耗量太大，加上玩得又开心，基本上都是开心欢乐地迅速睡着了。不知道大家是不是平时有这几个方面的困扰，因为这是我的困扰，所以我真的觉得这一点改善非常重要。

第三就是小朋友们之间相处的能力提升。对于我们来说，几个小朋友都是独生子女，没有兄弟姐妹，我相信那些有二胎、三胎的家庭肯定会好很多，我们的孩子们跟别的小朋友相处的时候还是比较自我。虽然不敢说这一点能立刻就得到改变，但是我们可以看到他们之间在用他们的方式尝试着这种小社会人际关系的建立。

以前虽然说都是非常好的朋友，但每个人都还相对比较以自我感受为中心，和平时间不会成为永久的常态，基本上都是吵闹一阵，和平一阵。在我们结伴出游的几次行程中，几个小朋友一开始也会有各种纷争，我们几个妈妈通常在孩子们不会互相造成极其严重伤害的情况之下，尽量只让他们自己解决问题。

比如有一个小朋友跟另外两个小朋友发生了一些小争吵，然后那两个小朋友就自成一体，孤立另一个小朋友，后来被孤立的小朋友想了好多办法，最后才让两个小伙伴重新接纳他。如果平时的话，可能我们就会给孩子们转移注意力，他其实不会有这种失落感，也完全不知道自己还需要去想办法再次融入别人的圈子，得到别人的接纳。但在外出的行程中，如果他不想办法融入，那他就真的面临着一种孤单的局面了。

曾经有人说，最好的教育方式其实是做给他看。我特别想再加一句，最好的成长就是让他/她自己去做。体验过后他/她就知道什么样是正确的，怎样能行得通，怎样做就不行了。在出去旅行的这段时间内，几个孩子每天摸爬滚打在一起，也建立了特别深厚的阶级友谊，其实孩子们还是很期待跟小朋友们一起深度接触的机会，我们也特别高兴。

Part 3
“亲子游”的奥秘，在此

最后，我简单总结了亲子游结伴出行的几个要点：第一点，孩子们最好是平时有交集的，或者说比较能玩到一起去的。如果说，这个孩子太不合拍，或者这个女孩特别爱玩女孩的东西，男孩爱玩男孩的东西，完全零交流也不是太建议。

第二点，不要选择太远的地方，如果太远，在飞机上时间过长也会使孩子体力、耐心等消耗过大。我们第一次去新加坡，第二次去珠海，第三次香港。我女儿就会跟我说：“妈妈，我们下次还可以去珠海。”我问她为什么呀，她说：“珠海比较近，新加坡稍微有一点点远，在飞机上的时间稍微有一点点长。”

还有一个小要点：不要让他们在飞机上坐到一起。因为飞机上坐在一起，真的会很吵很闹。在飞机上吵闹也不是很好。我们尽量让这几个孩子分开坐，他们会知道对方坐在哪里。比如起飞，降落，她会问“谁谁谁，他吃饭了么，睡觉了么”。彼此牵挂着，但不至于太吵闹，为别人带来烦恼。第三点就是尽量选择年龄差不多的，我们这几个孩子的年龄去年出去的时候是3岁半左右，上下不差3个月，所以算是同龄。

其实我觉得孩子出去的体验，这种成长真的特别特别重要。这是我以前没有体验过的，包括我们这几个妈妈，我们不再觉得带孩子出去又累又玩不尽兴，同时孩子们的变化，在潜移默化间进行着。比如第三次的香港之旅，孩子们知道在公共场合要小声，妈妈们推小车遇到台阶一定会过来帮忙，基本不会跟妈妈们耍赖，很少哭闹等。

现在我们大家都希望，挤出时间来，因为这种经历对孩子太难得太有意义了，这真的比什么都重要。如果大家觉得我的分享有启发的话，建议大家可以跟自己的闺蜜、同事、邻居之类的一起结伴带孩子出去，带不带爸爸大家自己定，但旅行中孩子的玩伴真的是最重要的。带着孩子出去旅行，可以不那么累，可以让大人也开心，孩子也开心。我觉得，不遭罪的旅行，才是让身心更放松的旅行。

{金语}

1. 带孩子出去有几个需要着重考虑的，比如，不能太远、不能太奔波、尽量条件不要太差，以休闲度假为主。
2. 很重要的经验之谈就是，一定要带一个小推车出去，方便折叠的。
3. 曾经有人说，最好的教育方式其实是做给他看。我特别想再加一句，最好的成长就是让他 / 她自己去做。体验过后他 / 她就知道什么样是正确的、怎样能行得通、怎样做就不行了。

国际出

CHAPTER 4

放眼看这个世界

王　莹

毕业于南丹麦大学创新商业专业、北京交通大学计算机专业。目前任百合网股份有限公司董事会办公室经理。因为留学和工作的机会在丹麦居住三年，去过欧洲大部分国家，非洲的埃及，亚洲的日本、马来西亚、泰国等；也去过国内大部分省市。一直体验自助游的乐趣，比如三天步行丈量九寨沟的美丽或者骑着骆驼一步步走向吉萨金字塔的震撼，又或者参加西班牙番茄大战的酸爽，也许都比不上两个人牵着手去超市买菜的平淡。想做个杨绛先生那样的女子，柔韧、清朗、独立，充满力量，也给予温暖。

美国西部，欢乐自驾游

话题

2015 年夏天，王莹与先生启程到美国西部蜜月旅行。美西自驾之旅，是很多人心中一直的梦想。这个话题的分享，兼具实用性和生活感，让你一课直接 get 美西自驾的乐趣和技巧，不容错过。

大家好，很高兴跟大家分享美国西部自驾游。我和我老公刚刚结婚 3 个月，之前分别都去过很多地方，所以蜜月选了个大家都没去过的美国，一是可以看看亲戚和同学，二是看看传说中的黄石公园等神奇的地理地貌。行程不算轻松，但是对于喜欢摄影的姐妹、喜欢徒步的姐妹、喜欢大自然的姐妹，真的强烈推荐。

Part 1
我的“全自助”美西行程

我们这次的行程，一共20天，包括往返的飞机时间，自驾里程超过6000公里。费用每个人18000元，包括机票、租车、住宿、吃饭等，但不包括购物。其中机票是6000元，北京往返洛杉矶。租车15天，共3500元，包括租车费，全部保险等，平均235元，加油费共3000元，总计在

车上的开销是6500元。以上货币单位都是人民币。

我和先生对自然风光最感兴趣，对于城市兴趣不大，几乎没怎么停留，这一趟一共去了7个国家公园，大部分都是“到此一游”的方式，走马观花，没有时间徒步。其实每个国家公园都有很多的徒步路线，玩一周的时间都可以。可惜我们时间并不充裕。之所以选择自驾的原因，也是因为美国的公共交通实在是不敢恭维。

我和先生都在欧洲留过学，学习期间，靠廉价飞机和廉价火车还有双腿，走遍了整个欧洲。欧洲的公共交通真的非常方便，但是美国并不可以。我们在洛杉矶市内几乎没看到任何公共汽车，地铁站只看到了1次。城市和城市之间的火车也并不像欧洲那样发达。因此强烈建议打算去美国玩的姐妹们，只要会开跑跑卡丁车，就直接租个车开吧！

Part 2
在美国开车时需要注意这些

先从美国的开车注意事项说起。我们在6月3日到达洛杉矶后，第二天先生就开着舅舅家的车去了环球影城。大概车程1个小时。他作为一个十年车龄的老司机，精神还是高度紧张的。

（1）美国的车速都很快，高速上我开过的最高限速是85迈，核算过来就是接近140公里/小时。一般可以向上浮动10%，也就是可以开到90至95迈，大概150公里/小时。但就算是这个速度，也仍然有更快的车（倒霉的司机，可能会被警察逮到超速罚款）。

（2）超速问题，很严重。在出发前研究穷游的攻略时，几乎每个分享攻略的朋友都被抓过超速，我们还算很幸运。两个原则：第一，在限速规定范围内，向上浮动10%；第二，找一辆速度还算比较快的车，跟车。因为据说美国警察叔叔们只抓头车。开车沿途路上看到过好几次，警察叔叔们会躲在很隐蔽的小的拐弯或者树荫下，等待抓超速的车，所以大家还是要小心，抓到就是200刀（美元）。

（3）在美国开车，大家都很规范。就算我这种“马路杀手”，后来也开始上手开车，没有任何问题。首先大家不会胡乱并线，挤来挤去。只要在自己的行车道上正常行驶就没问题。车速较慢时，要靠右侧的行车道行驶，左侧是超车道，一定要让出来。

注意：是从右边数的第二道，因为最右边是卡车车道。我们在卡车车道左侧就可以，不要并到卡车车道。

（4）美国城市的一些小路口，没有红绿灯，只有STOP标志。看到此标志，必须要四个轮子同时停下，不能只是减速慢行。按照到达路口的先后顺序依次通过。有一次，我不小心没有注意到STOP标志，没有停车，直接通过，被先生严格批评，这是非常危险的。因为主路上的车，没有STOP标志，过路口时，是完全不会停车的。此外，见到行人一定要让，就算行人离你还很远也要停车。我们这次坐UBER的一个司机因为没有避让行人，被罚了270刀（美元）。

在通过红绿灯时，只要自己的方向是绿灯，甚至是黄灯，要加速通过，至少不要踩刹车（国内人的大多数习惯）。

（5）在大城市如洛杉矶，洛杉矶一圣地亚哥等高速路段，靠最左侧车道，有CAR POOL标志。此标志意思是，当车内包括司机的人数达到2个人或者以上时，可以走CAR POOL车道。因为美国人均一辆车，所以车上如果有2个人，就被视为公共交通工具。通常来说，是为了解决交通拥堵情况特设的快速通道。有一些女孩为了走CAR POOL道，通常用买一个假的人偶放在副驾驶座位。其实，因为美国车速很快，所以不是很拥堵的情况下，不去CAR POOL车道也非常快。

Part 3
在美国租车

下面分享关于在美国自驾租车相关内容。我们比较了一些租车网站，最后选定了www.economycarrenttals.com，价格优势非常明显。一辆中型的越野车，最后的租金才235元（人民币）/天，包括所有保险。大的租车公司官方网站很多，但是价格会相对租车平台贵一些。偶尔会有一些优惠活动，比如招商银行的信用卡可以享受AVIS安飞士，8折优惠，想省心简单的姐妹可以选择。租车平台还有priceline、expedia、ecomonycarrentals等。选出来合适你的车型，对比价格就可以了。

由于我们的旅行自驾时间较长，所以要选择“抗造”一些的车。而且旅行的中途，我的同学夫妇二人会飞到盐湖城加入我们的行程，后排的座位宽敞舒适也是考虑的要素。最后，我们的选择是一辆中型越野车，能塞下一个超大的横版行李箱、一个冰桶、一堆的零食以及三个小的行李箱。当然，也可以选择跑车，我们也曾经动过一丝念头，但是当看到高速上跑到65迈，开着跑车估计头发都会吹掉，这时候，我们会庆幸，这辆车有个车棚顶。

选好车型后，还需要选择各种各样的保险，包括CDW车损险(一般都包括盗窃险和车损险)、第三者责任保险、road assistance道路救援险等。我们全部选择了，先生说得对，安全第一位，没有后顾之忧。选择全险的好处是，后续会减少很多麻烦，比如还车的时候，租车公司只是检查下基本的发动情况，马上退押金，前后不超过3分钟。此外，道路救援是24小时，不用担心车开到某个小水坑、熄火了动不了的问题。还是那句话，我们租车包括全部的险种下来也就235元（人民币）/天，还是非常划算的。

租车网站还会有几个额外的付款项目，比如年龄不超过25岁的要交额外的费用；额外的司机，比如我和老公还有同学换着开车，也要把全部司机的名字都加到租车协议中，否则万一被逮到出了事故，而你并不在协议上，那会很麻烦。

我们提车的时候，看了我们中国的驾照，拿了一份我自己翻译的英文翻译件就可以。我们拿着办好的合同，拖着箱子就去车库提车。当时有10多辆能选，老公挨个看里程数，跑的都不远，一般在10 000~30 000英里。车况都很好。我们最后选了白色的指南针，只跑了9000英里，是个小嫩草。全程都非常靠谱，没有任何问题，音响也不错。但车上唯一的不足是没有USB接口。所以，大家要记得带点烟的充电器，可以连接GPS或者USB，连接手机的音频线。对了，GPS也可以在租车网站上选，但是很贵。我们的建议是在万能的淘宝上买。我们买了佳明的GPS，中文语音。地图也是最新的非常靠谱，不到1000元。

租车时还要注意，异地还车很贵，尽量避免。而且如果租车能够达到整周，会比较便宜。

Part 4
噢，美国的 UBER

最后分享，我们此次使用的唯一另外一种交通工具——UBER。我的同学就在旧金山的UBER总部工作。这种出行方式真的很方便，价格便宜得多。在旧金山市内，UBER有一种产品叫Uber Pool，其实就是拼车。你要写明你的目的地，APP就会自动匹配同行的车辆。市内任何的地点，都只要7美元，非常划算。

我们当时叫了两次，车来得很快，可以看到车辆的路线规划。我们当时从舅舅家到洛杉矶机场也坐了一次UBER，打出租车大概要80~100刀（美元），但是UBER只要40多刀（美元）。在美国大城市市区，建议大家可以使用UBER。再次感叹，在洛杉矶怎么一个公交车都没见到呢?

TIPS

（1）我们在洛杉矶的迪士尼看烟火，真的很美。有个小提示，可以在迪士尼园内的指定餐厅吃午餐或者晚餐，然后看烟火及水上表演的时候会有最中心的位置看水幕电影。晚餐大概45刀（美元）每人，包括主菜沙拉和甜点，牛排不多，强烈建议大家选择。

（2）我们在环球影城买了Front Line（前线）的票，普通票是99刀（美元）每人，快速票是149刀（美元），可以在网上找到打折的票，也就119刀（美元）。可以不用排队玩各种项目、观看表演，强烈推荐。

（3）在拉斯维加斯，我们看了Bally Show（百利空中秀），是真正的上空表演，很震撼。30多个身材高挑的西方美人，只穿美丽的羽毛和水钻等装饰表演歌舞，

topless（半裸体），还是很值得一看。在穷游上可以提前买票，我们买到了圆桌票，就在舞池、第二排，离舞台特别近！1个半小时的表演，眼花缭乱，美不胜收。

（4）国家公园大家想真实感受的话，建议住在黄石公园里，但需要提前在官网上订票。我们订到了小木屋，环境非常好，开门就是草坪，有很多小动物。工作人员提醒，最近是鹿妈妈的生产季节，所以一定要跟它们保持距离，不要让它们受惊。而其他的鹿就在我们住的酒店里面走来走去，很是惊喜。

黄石两大特色：一是看间歇性喷泉，我们看到了一天喷发一次的河边喷泉还有彩虹；二是看动物，真的是野生的鹿群、牛群，只剩200头的moose（驼鹿），也是圣诞老人的坐骑，带着宝宝们的土狼等。只要在路上看到一群人把车停在路边，并且拿着长枪大炮的照相机，那肯定是发现某种动物了。

（5）拱门公园，大概要徒步4个小时，到达最经典的精致拱门，一路上没有工作人员，没有防护，很佩服美国国家公园的放养式的管理。

总之，美国西部的旅行主要是欣赏各种地理地貌，感慨大自然的鬼斧神工。另外就是徒步和自驾的乐趣。与欧洲旅行这种人文沉淀和思想交流不同，与埃及旅行的久远遗迹和历史故事不同，也与海岛旅行的悠闲自在和浮潜欢乐不同。美国西部的自驾游，真的特别震撼，特别带劲儿，很值得去尝试。

张菁榕 Jennifer

微风旅行 APP 联合创始人兼市场总监。早在十年前，在外资快消品公司做品牌经理的 Jennifer 就在北京一家著名的本地生活类报纸上开设了美食专栏，加班之余还能每周奉上一整版的餐厅或美食评论，是一个专注的、执着的、铅笔身材的美食评论家。独立，充满力量，也给予温暖。

话题

Jennifer 的另一个品牌 icon 是她对美食特别的专注和执着，为重庆小面周末飞一趟重庆，为胡椒蟹每年两次飞去新加坡，为云吞面每年飞两次香港，为野生菌每年飞一次云南。这种对别人来说疯狂的事，对 Jennifer 来说却是再普通不过的人生常态。一号美食达人 Jennifer 将带领众姐妹直接进阶美食达人。前方高能，小心防御！

如何优雅地修炼成美食达人

亲爱的姐妹们好，我是 Jennifer，中文名字叫张菁榕，北京人，目前常驻广州。这几年和几个朋友一起搞了一个汇集各种有趣独特玩法的分享平台——微风旅行。微风旅行是基于兴趣的移动互联网分享平台，这里聚集了很多爱玩、会玩，能带大家一起嗨玩的达人，用户可以在这里找到各种独特的玩法，跟着达人玩出新花样。在加入微风创业团队之前，我一直在外资消费品和 OTC 公司做品牌市场的工作，负责制定品牌定位和品牌策略、开发新产品，发展消费者，沟通内容。先后在奥美广告、英国利洁时家化、中美史克和拜耳医药工作过，负责过的品牌包括家庭清洁及个人护理品牌滴露、感冒药新康泰克和白加黑、皮肤外用药百多邦和止痛药品牌散利痛等。

Part 1

炫技篇：凭什么 Jennifer 可以在这里做美食达人

在我看来，美食达人要么会吃，要么会写。对吃有要求的人通常都会做菜，我做菜也做得不错，但并不算精专，我走的是美食“文青”的路子，即“会写”。话说10年前，还是纸媒时代时，我以非专业身份受邀成为一个非著名非政府组织北京美食媒体团的成员。这个组织的成员几乎都是各大生活媒体包括门户网站的编辑和记者，主要是给新开业的餐厅试菜或给餐厅写公关稿。成功从“花钱吃饭”转型为“吃饭赚钱”。

印象比较深的是在生活类报纸《精品购物指南》上发表过的一篇食评，美食编辑让我去灭当时风头很劲的北京融合菜Fusion（融合）餐厅的先驱——紫云GreenTeaHouse。实事求是地说，这家店的设计在10年前还是非常超前的，像一个私人风格极强的艺术馆。但我的观点，餐厅的核心竞争力必须是食物本身，其次才是服务和环境。但这家店过于执着于环境及食物外观形式等创意上的发挥，终让人“唯美于远观，失望于咫尺”。

我给自己的人生主题定位是“吃行天下”，去过国内外不少地方，我的最爱是伟大壮阔的自然风光和富有当地特色的食物。除了在旅行的过程中寻觅美食，每年还有一些仪式性的专门美食行程。为什么说是“仪式性”？就是每年必须去个一次两次，否则这一年就过不下去这种，比如每年1到2次去新加坡吃胡椒蟹，1到2次去香港吃云吞面，去云南吃野生菌1次，重庆和成都必须去1次。

这种仪式感的行程非常专注、非常聚焦，全程美食无死角，几乎没有任何观光和景点。比如10年内去过新加坡近10次，却从来没有去过名胜圣淘沙，香港亦然，每年都会去1到2次，却从没去过海洋公园。有限的时间绝对是要投入到无限的美食体验中去的。

通常去这些地方，我都会去必到的餐厅“报到”，报到完了就找个地方喝咖啡，然后继续去下一家餐厅“报到”。从自然风光的角度，我是一个持“美景永远在没到过的地方”的态度，“故地重游“这种事不会发生在我身上。抛开出差不说，如果一个地方去了多次怎么回事？没错，一定是那里有我心心念念的美食。

每年固定仪式感的美食之旅不说了，其中我最喜欢的是云南的建水古城，这个地方其实不太为人所知。我三年里大概先后去过三次，就是为了品尝那里的烧豆腐。这个烧豆腐的绝妙之处我在后面会提到。2015年建水的知名度大大提高，因为浙江卫视的《十二道锋味》节目，谢霆锋带着他的锋味家族，到当地去做了一道名菜“汽锅鸡”。

Part 2

实战篇：手把手教你如何修炼成美食达人

我将从态度和实战两个方面阐述。当然，和工作中一样，态度永远是第一位的！态度是第一生产力，我认为美食达人必须具备两个基本素质，一是不怕苦、不怕累、勇于探索和尝试，为了美食跑断腿，打着“飞的”只为吃，目标确定，地图在手，犄角旮旯也一定要找到，挖地三尺也一定要找到！

第二个基本素质是执着，专注在喜欢的食物上，其他一概不吃，虽然我喜爱美食，但能力严重不足，“眼大肚子小”就是对我的最好评价，所以在食物的选择上一定要专注、专注、再专注。

为了配合我的能力，能在最少的时间内吃最多的食物种类，我“发明”了一种特别的吃法叫“巡吃法”，即在每家店只吃其特色，其他一概不吃，接着到下一家。如此这般，可以在最短时间内，尽量品尝到最多的食物品种。曾经在成都的一次“巡吃”纪录是连吃5家，第一家钵钵鸡，第二家冷串串，第三家煎蛋面，第四家烧烤，最后一家炒青菜。

到底怎么从吃货进阶到美食达人呢？

首先，要会评论食物，关于“评论食物”，如何超越“好吃”“好好吃”“太好吃”，我有些小小的心得，即“Jennifer三段论”：第一段，先描述食物的外观，目的是激发读者的向往；第二段，进而加入动作（即怎么吃），吃的过程中用的什么方法，能让人产生直接的联想和画面感；第三段，描述吃完以后的感受，把食物的物质层面升华到精神层面，如“一碗拉面，代表乡愁”。

第二，学会旅行中在陌生的地方如何找寻美食：一是计划先行，做功课，看点评，一般都有当地的点评，国外看Yelp、Tripadvisor（猫途鹰）、Google Map（谷歌地图）的“附近”功能，去查找餐厅和点评，老外喜欢发表观点，很多信息比较有参考价值。我就用这种方法，用地图的“附近”功能在迈阿密海滩BalHarbour（巴尔哈伯）的一条小巷子里找到一家墨西哥小馆，它的salsa酱（洋葱做的辣调味汁），我到现在仍念念不忘。二是不吝向当地人请教，特别是出租车司机，或者到街上找看起来住在附近的居民请教。

Part 3
那些让 Jennifer 念念不忘的美食

接下来要开始“放毒”了。掌声、鲜花和美食在哪里?

“少女的初吻”——整条金枪鱼料理

当之无愧的第一名是整条的金枪鱼。金枪鱼鱼生作为较高级食材，在比较好的日料店里容易吃到，但整条金枪鱼现场料理现场吃的机会非常稀少。2013年1月5日凌晨，在日本最大的水产品市场——东京筑地市场上曾经拍卖出一条222公斤的蓝鳍金枪鱼，这条金枪鱼拍卖价约合千万人民币，创下了世界纪录，可见其价值。我有幸两次在现场观摩整条金枪鱼的料理，并且品尝其中的珍品，非常难忘。

第一次是2012年12月在一个活动现场，这条鱼不大，约80公斤。现场“谋杀”无数菲林，料理完之后，优质金枪鱼的颜色深红如牛肉，光亮油润，散发着诱人的光泽，入口即化。

有一种说法，吃这种金枪鱼像“少女的初吻”，喻其口感柔润。我发挥美食达人的专注精神，那餐除了金枪鱼外什么都没碰。首次的体验大大刷新了我对鱼生的认知和要求，自此对很多五星级酒店的海鲜自助餐和不少高级日料店的金枪鱼鱼生感到无法下咽。

“念念不忘、必有回响”，三年后在我们微风旅行的一个达人聚会活动上，我终于再次遇见了整条现场料理的金枪鱼，微风旅行海钓达人一啸在中国南海钓到了一条大目金枪鱼，约80公斤。打捞之后迅速放在装满冰块的泡沫箱里运输到活动现场。

现场邀请了广东很著名的日本料理的行政主厨，他带了4个徒弟来。料理整鱼的时候真像外科手术现场，师傅指挥，4位徒弟有序分工。这种大目金枪鱼的特色是它的身型比较肥美，比起南太平洋金枪鱼来说要胖一些。料理团队也很激动，很感谢我能请他们来料理，因为他们也是第一次见到一整条的金枪鱼。

新加坡“国菜”——胡椒蟹

接下来要隆重推荐一家餐厅，我每年去新加坡1到2次，每次都必须去这家餐厅：长堤海鲜。我最爱的名菜之一胡椒蟹，新加坡的国菜，就是这家餐厅发明的。此菜做法独特，像酱一样的黑胡椒均匀覆盖在斯里兰卡肉蟹上，黑胡椒的味道非常浓郁。通常选择斯里兰卡的大螃蟹，这种蟹肉质清甜且多肉，非常适合黑胡椒做法。长堤海鲜在新加坡有三家分店，我个人比较喜欢的这家在新加坡植物园对面的Dempsy Road（登普西路），在一个小山坡上，周围都是绿地，感觉身处在大自然中。美食美景，不亦快哉。

我推荐的第二种螃蟹的吃法，是新加坡宏茂桥的龙海鲜螃蟹王，高手深藏功与名，躲在一个小区的居民楼里，很不好找，也是我当地的一个朋友推荐的。它改变了

我对斯里兰卡螃蟹的看法。我以前认为斯里兰卡螃蟹鲜味不够，这就是为什么要做胡椒蟹的缘故。直到吃到了这家螃蟹汤米粉之后，我才泪流满面地意识到，我误会人家了。

斯里兰卡螃蟹非常鲜甜，肉味里有一种天然的甜味，做汤的话非常赞。汤熬得很久，所以这家店如果你五点钟去，可以坐下来吃上，要是六点钟去，就要饿着等到八点了。等待的过程备受煎熬，但当螃蟹上桌你喝上一口汤的时候，就会深深感叹这份等待是多么值得！

新加坡莱福士 Long Bar：司令鸡尾酒

吃了那么多螃蟹，接下来怎么也要喝一杯吧。推荐世界著名的鸡尾酒之一——新加坡司令的创始名店。1915年，著名新加坡司令鸡尾酒在这里发明，这家店就是新加坡莱福士酒店的Long Bar。莱福士酒店建于1887年，已有一百多年历史了，其整体建筑具有浓郁的殖民地风格。除了百年历史和具有浓郁热带风情的新加坡司令，这家酒吧的一大特色是你可以把花生壳随地乱扔。大家知道，新加坡是一个规则非常严格的地方。而到了这里，吃完花生，可以“恶狠狠”地把壳丢在地上，肆意放松一下。

云南建水情有独钟的：烧豆腐

除了海鲜，我对很多当地特色食物也情有独钟。前面提到过云南建水烧豆腐，先不说豆腐有多么独特，先说这种吃法。吃豆腐，在当地人看来是一种社交活动。一起坐下来的这些人都是互相不认识的，一边吃豆腐，一边喝点小酒，自然而然聊起来并熟稔了。

最有意思的是摊主计价的方法，按粒计价。烧豆腐摊算是流水席，有人来有人走，摊主怎么明确每位顾客吃的数量并计价呢？秘诀在于角落里的几个碗。摊主是以数玉米粒的方法来计算的，你吃一颗，他就放一颗玉米粒。当你吃完了，摊主把属于你的碗里的玉米粒倒出来数一数，就知道你吃了多少粒，非常有趣。除了烧豆腐本身，这种独特的社交方式在其他地方也是很难体验到的。

建水是云南少数民族文化中的一个独特存在，这座文化古城推崇汉文化、儒家文化，它有全国第二大的孔庙，还有学政考棚，也就是科举考试的地方，在以少数民族文化为主导的云南独树一帜。非常推荐大家去那里住个一两天，当然最好避开法定假日，相信你会很喜欢那里的文化风情，还有带着深深本地文化烙印的烧豆腐吃法。

为你钟爱的食物来一场旅行，去新加坡约会黑胡椒蟹，去柳州吃一碗螺蛳粉，或者是去香港吃一碗有“香港人乡愁”之称的云吞面。偶尔从日常工作中抽个身，享受一个美食的周末，会是一件很愉悦的事。

{金语}

1. 餐厅的核心竞争力必须是食物本身，其次才是服务和环境。
2. 为了在最少的时间内吃最多的食物种类，我发明了一种特别的吃法叫“巡吃法“：即在每家店只吃其特色，其他一概不吃，接着到下一家。
3.Jennifer 的“美食信仰”就是返璞归真，也就是尊重食物本来的味道。

资料

CHAPTER 5

新职场加油站

翁　萍

墨攻传媒联合创始人，常务副总经理。资深营销策划专家与品牌管理专家，互联网实战营销理论的先行者及践行者。

深谙品牌营销、事件营销、社会化营销、娱乐场景营销之道，服务过奥迪、宝马、美的、中国银联、好利来、猎趣、空间家等多个品牌，主张“公关有温度”。

自诩

文字控、处女座、真性情、公关人。

一个公关人的进阶之路

话题

这个话题，是专门为主讲人翁萍“定制”的。她是一个对自我有强烈要求的人，职业、知性、绽放，是所有人对她的真实感受。这堂课，她将 6 年的公关生涯浓缩成 1 小时的分享，将自己“有温度”的公关进阶之路娓娓道来。

大家好！我是翁萍，先简单自我介绍一下，我是墨攻文化传媒副总经理，也是股东。在加盟墨攻传媒之前，先后于某国际设计师协会昆明分会担任公关经理，某港资集团旗下文化传媒公司市场总监、常务副总经理。加盟墨攻之后先后担任运营总监、副总经理，先后负责项目管理、媒介管理、团队管理以及企业发展几个方面的工作。服务过的客户有奥迪、宝马、侨外集团、恒泉集团、芭田股份、招商银行、加多宝、好利来、自驾中国、古井贡酒、猎趣、好孕帮、空间家等。

我对自己的定位吧，其实就 5 个关键词：一个是传播学，一个是文字控，还有处女座、真性情、公关人。

Part 1
3 年内实现职位 8 连跳，这一切都是设计好的，你信么？

首先跟大家介绍一下我这8连跳都是哪些跳吧。

第一个是文案/策划，因为我是新闻传播专业，文字功底还算可以，这也成为我职场的敲门砖。策划做了半年的时间，我就因为公司的一个机会成了协会大中华区昆明分会的公关经理，再之后到了传媒公司，做到了市场总监和常务副总岗位。需要说明的是，这个常务副总的岗位更多是基于信任，当然，能力是基础，因为老板有别的事情，所以大部分时间常务事件就都交给我来处理了。到了墨攻传媒之后其实是运营总

监岗位，但是因为我的坚持，也是从项目经理媒介经理做过来的，全面了解和掌握各部门各环节运作的情况之后成为副总经理、合伙人就变得顺理成章了，当然也是在一个很合适的时机成为股东。

见过我的人对我的评价中都带有一个关键词，就是“知道自己要什么”。这点从初中同学、高中同学、大学同学、同事、客户那儿都得到了印证。我想可能还是我自带“目标感”气质吧。我理解的目标感在于你心中一直知道自己想要什么，至少要让别人这么觉得。我在表现得“很明白自己想要什么”这一点上觉得还是做得不错的。关键就是两个点，目标和计划。所以我才说我的进阶之路3年实现8连跳都是设计好的，一步一步按照我的计划向着好的方向发展来的。

关于设立目标的必要性、科学性和重要性我想不必赘言，已经很多人很多书很多企业都进行过研究和强化，在互联网世界，大家都能轻易找到贯彻实施的方法和技巧。既然今天分享的是干货，我想聊聊我对聚焦在行动计划这件事上的一些经验。这个才是真正能让我们的目标落到实处的关键。

我的理解就是目标对大家来说就是弄清楚“为什么做”以及做到什么地步和程度，而行动计划就是要解决“怎么做”的问题，所以行动计划对我来说会更重要。目标是没有对错属性的，但是天生带有一些特别的自然属性，比如时间上的长期中期短期目标、类型上的个人目标/财务和成就感的目标等。有了这些分类和属性的特殊，所以我们的行动计划也会变得比较特别。

首先提一下在这个过程里面，很重要的一个公式。我有个习惯，什么方法最有效我就用什么方法，因为坚持了很久，所以我把它变成了公式，用在我每一次设定目标的时候，而且屡试不爽。这个公式就是“目标是什么，战略是什么，计划是什么，有效的行动计划是什么”，把这些串起来，就是一个很棒的行动指南。

我想分享的是落到有效的行动计划这件事上，没错，就是“有效的行动计划”。因为要做出一个大的改变其实是有难度的，所以大部分人觉得有难度，导致最后能坚持的是极少数的人。所以说我还是会把目标和计划这个事情，聚焦到怎样制订一个有效的行动计划这件事情上。

从我的个人经验来分析，聚焦了几个关键点。一个理想的有效的行动目标应该具备以下几个因素：一个清晰的行为目标，要是具体的、可衡量的；行动的理由，最好是2~3个；一个明确的时间段，尤其是要有deadline；一种实施的方法，相对容易的；尽可能描述整个过程的一小步（就是前面提到的最切实可行的下一步）。

怎么理解这几个关键的步骤和方法呢？第一项，制定清晰的、具体的、可衡量的行为目标。比如如何治疗“懒癌”这件事情，我会这样制定清晰的行为目标：

在24小时内按表格整理好所有的书籍。

在不需要提醒的情况下做好“每日一文”，坚持一周。

在接下来的一个月的时间里，只要上班就在上班路上给家人打电话。

我这些目标是非常具体、可衡量的，分别实现我的书籍管理和家庭关系管理这两个大目标。

第二项是行动的理由，最好是2~3个。因为目标是自己设定的，理由肯定是充足的。但是我们这里讲的是行动的理由，很个人的理由。理由越具有个人色彩，越发自肺腑，行动计划就越有可能发挥更大效力。比如说你为什么一定要坚持“每日一文”，如果你给的理由是有成就感甚至是能挣稿费那就更具实践性。

第三项是一个明确的时间段。不管是长期中期还是短期目标，在我们设定有效的行动计划的时候，都尽可能让周期是足够短的，方便我们进行检查和调整。建议是30天之内，这样能让计划更具可行性。

第四项是为你的行动计划找到一种方法。你怎么样才能让自己的目标更好实现呢？当然是需要一个明确有效的方法。比如早起计划中，有的人是设定5个闹钟，有的人是闹钟间歇5分钟，而我呢，是在闹钟命名上写上了“现在起床的话会更喜欢今天的自己哦”“妈妈说要每天吃早餐”，前面提到的邮件计划中，设定方法为每天上班后拿出一刻钟回复前一天的邮件。这个方法必须是非常有效而且可实施的，让你的目标在一个又一个可实施的方法中一步步实现。

最后一个就是描述整个过程的一小步，就是最切实可行的下一步。大家知道一个完整的目标实施起来一定是有难度的，但是如果我们关注这个关键的一小步，对于当下而言，成功率就会高得多。因为我们都知道，大变化令人却步，人都是有惰性的，关注更容易行动的更小的更简单的小事情，会让我们自己更有把握和信心，更能切实地体验到其中的益处，然后才能做更多的事。

接下来我会讲两个例子，一个是短期一个是长期，来还原我怎么花3年时间实现8级跳的。

大家看这个标题“我与学会游泳之间只差了5套泳衣的距离”，这是我最近想写的一篇文章。我小时候有过阴影，被水淹过，所以学游泳对我来说很困难，这么多年一直学不会，总是怕水。可是我最近想去海岛玩，想去海边，不会游泳的话去了就没意思，所以我的短期目标就出现了：学会游泳，很有必要。

在这个计划里，套用刚才的公式，目标就是在1个月之内学会游泳，战略是在家最近的健身房办一张卡进行学习，计划是每天下班之后去健身房2小时，有效的行动计划是一口气买了三套泳衣，而且是不同风格。

在这个有效的行动计划之前，所有人都能做得到，我立志要学会游泳，我要办

卡，我要每天去健身房，可是在实施过程中往往不能坚持。要么就是太累不想动，要么就是加班或者约了朋友吃饭，你的时间不由自己支配，坚持越来越难。在这个点上，我的有效的行动计划很核心很具个人色彩的就是一口气买了3套泳衣，加上之前的2套，就是5套。一周换5次够了。所以上班很高效，为了能准时下班去游泳，就算是为了炫新泳衣也会想要去游泳。所以这是一个有效的行动计划。于是，我在2天之后就学会了游泳。

再回过头再说我这几年的工作。其实一开始我就很明白，我的目标就是创业。在大学的时候有一堂思想课，老师问到你到30岁的目标是什么，我说我的财务目标是有可支配现金30万，大家都笑了，包括老师。因为大家都说到了那个时候30万不算钱，时代也会变。可是我真的在坚持着。我的战略并不是每年存多少钱存到30岁，而是计划怎么实现到28岁的时候，年薪能达到30万以上。我的长期目标就是创业，在35岁的时候实现财务自由。战略是因为自己没有第一桶金，只能依托可能依托的资源。受制于当时的经验和思想格局，我只能想到开个服装店、开个餐馆或者网店之类的，所以我实现目标的途径就自然地锁定了“职业经理人”。

这里面插一句创业圈的一句话：“万事俱备只差一个CTO”，就是说创业公司开始都有很好的想法，但是缺少实施的通道、工具和人才。回到这个大环境，想创业的人很多，有的人有钱有的人有才有的人有技术有的人有资源，那我也是这个创业圈的一员，也想借用行业既有的资源。这就是说为什么我的成长是计划好的，我见墨攻传媒大老板的时候我就很直接地提出，我的想法就是创业。他跟我说先在北京把这边的事情做好，做好之后我会在云南开分公司，你可以去负责当地公司的管理。

所以虽然加盟墨攻的时候我只是总监的岗，但是我已经想到我的后路就是要创业，要搭建能实现我财务自由目标的通道和平台。思考的过程就是要实现创业目标的话我需要具备哪些技能、怎么去培养以及需要什么帮助。

当我把创业目标想明白了之后就有了下一步的行动思考。不管是在墨攻传媒还是之前的公司，我都把这个想法践行到日常的工作中，时刻站在老板的角度去思考去模仿去实践去总结，而这个思考和践行的过程就成为了实现职场升级的准备，让我一直朝着职场利好的方向发展。

在这里，做创业目标计划的时候，有两种思维是值得参考的。

一个正面的，一个是反面的。①正面是目标在前，技能在后。大部分创业公司就是这样，先有一个目标（比如开一家有风格的咖啡厅），然后再去寻找各方面的人才（咖啡厅需要一个收钱的、一个会做咖啡的、一个懂装修的，等等）。所以目标在前，技能在后。②反面则是技能在前，目标在后。也就是说，先考虑一下我自己已经有了哪些方面的技能，然后找到最适合你的技能的职业和人生目标。其实很多公司就是这样开始的。一伙好兄弟，毕业之后想聚在一起干点啥，那就想想每个人能贡献点啥呗。你有钱，你可以投资；你会烧饭，你可以做厨子；你会吹牛，你来可以做市场营销。所以，整个过程就是怎么样确定你的目标之后去训练你的技能并且在职场里使用起来。而我就用了我对于策划的敏感和积累当成船票搭上了老板这条船，然后慢慢让老板发现我能划桨能辨别风向还能掌舵，继而去负责更多。

Part 2
怎样让你的服务有温度？

我的方向是“做个有温度的公关人”，出发点就是让我的服务和创意有温度。我想从墨攻曾经做过的一些视觉案例小细节来体现 。

首先是同理心。我虽然是处女座（经常被黑），但在我成长的过程中，同理心是我很关注的一个点。同理心也就是换位思考，是站在对方立场设身处地思考的一种方式。有同理心，代表在人际交往过程中，能够体会他人的情绪和想法、理解他人的立场和感受，并站在他人的角度思考和处理问题。这些主要体现在情绪自控、换位思考、倾听能力以及表达尊重等与情商相关的方面。

有同理心不难，难的是一直保持同理心，并且能贯穿到你的待人处事上。想象一下，你从接触信息、理解信息、处理信息并做出反应，包括语言上的和行动上的，如果都以同理心为基准的话，你会发现，你的个人形象能勾勒得很明显，给人的感觉就是四个字：“得体”“修养”，让人觉得这个人还不错，这对于我的服务力来讲是很管用的。

举个例子，如果你常站在上司的角度思考问题，你会发现其实就能理解他给的指令了，为什么要下这个指令，他原来是希望我怎么做，我做到什么地步他才会满意，等你这么想并且这么做的时候，你的价值就体现出来了。另外就是要友善而有礼貌地待人，即使你不喜欢他们。这很正常，做乙方的，你会需要和那些你根本不关心的人打交道，甚至还要和那些脾气很差的人打交道。但是如果你不仅不被这些人激怒，反而保持亲切温和，站在他们的立场去思考他们为什么“为难”你，你就知道该怎么应

对了，那么你一定会被认为相当职业，这就是“服务力”。所以这几年吧，墨攻在服务态度这一项上，口碑还是很不错的。

第二个诀窍就是要表现得很有温度。谁都有个性，有自己的脾气、情绪，但是我时刻会提醒自己控制，表现好。这里要提的就是适当控制脾气和情绪，至少要表现出来“你是个有温度的人”。怎么做到呢？牢记这三点：说有温度的话，写有温度的字，做有温度的事。

Part 3
怎样让你的创意有温度？

关于让创意有温度这个层面，我最大的秘诀就是热爱生活。从大学的时候开始，我就把“生活如此美好”当成口头禅，天天挂在嘴边，喊出来。所以，不管遇到什么样的事情我都保持乐观，也永远能很快看到好的一面，我已经把热爱生活当成践行到我生活任何一个细节的原则。工作中，不仅要经常寻找把工作做得更好的方法，帮助同事们做些力所能及的工作，连接触的人也要努力认可他们或者让他们认可我，行为上，想象永远有CCTV在拍我、在记录我、监督我，提醒自己时刻保持好的状态。

第二个小诀窍，我很喜欢把生活当作一幕幕活话剧来看，即喜欢观察生活。比如我很喜欢研究别人的关系，两个人向我走来，我会看两个人站的距离、两个人的互动、两个人在埋单场景的差别，从而去判断这两个人是在热恋中？恋爱了好几年？或者是刚刚因为小事闹别扭了？还有在餐厅吃饭的时候，也看是谁点菜？拿着菜单的人是谁？从而来判断他们的关系。这些都是很鲜活的案子。这点上茉莉大大也做得很好，她会对生活上看见的一些广告、品牌进行研究，并且做成能积累和分享的文字。这点也是我很佩服和值得学习的地方。

结合起来就是我会把活话剧的技巧灵活应用于将浅思考和深琢磨相结合。浅思考是基于场景的，什么场景让我眼前一亮，情绪起伏，都可以浅思考。再就是深琢磨，如果这个现象、场景让我情绪波动很大，高兴的、难过的、遗憾的等，那我就会深琢磨，这个场景表现了什么、说明了什么，有没有代表性，有没有关联的政策和背景。有了基于这些东西的思考你会发现，做创意的时候就很鲜活，一个接一个的，而且我们的创意也比较容易说服、打动客户。

所以我会在我的生活当中把同理心、爱生活以及对场景敏感保持成很好的习惯，而且随着时间和案例的积累，这种好的习惯带来的好处已经反馈到这几年的公关服务上，也落到了具体的创意上。时刻站在客户的角度、受众的角度，把自己当成目标受众，锁定受众的年龄段、生活情境、态度情绪、加上受众认同的话语，才能准确有效地传达诉求，知人所想，说人想听，这也是我们团队整理出来很好的一个逻辑思路。

以上就是我对这个“一个公关人的进阶之路”的分享，希望大家能从中哪怕能得到一点点的情绪上的波动都好，我都觉得值了。领英创始人Reid Hoffman的《The Startup of You》一书中有这样一句话：把你自己当成一个创业公司来运营和管理。而我，不仅是接受这个分析，还把它践行到了我的言行中，愿共勉。

{金语}

1. 目标对大家来说就是弄清楚“为什么做”以及做到什么地步和程度，而行动计划就是要解决“怎么做”的问题。
2. 有同理心不难，难的是一直保持同理心，并且能贯穿到你的待人处事上。
3. 把你自己当成一个创业公司来运营和管理。

景红红

红顶天文化传媒创始人。原百合网股份有限公司高级商务总监，长路体育合伙人兼商务副总裁，北京第二外国语学院管理学硕士，超过 6 年的商务合作经验，5 年的互联网广告销售、战略合作及团队管理经验，擅长提供互联网平台的商业化解决方案和情感营销。

如何打造坚不可摧的销售团队

话题

这个话题，想必是所有做销售的朋友们想了解的“绝杀技”。一支坚不可摧的销售团队，意味着有巨大的凝聚力和超强的销售技巧，以及最主要的——持续增长的销售业绩。一支坚不可摧的销售团队，也意味着有一个坚不可摧的销售领袖。今天的主讲人，就是这样一位优秀的销售 leader，这堂课，非常精彩，不容错过！

大家好，很高兴和大家共同分享“如何打造坚不可摧的销售团队”这个话题。我回顾了这几年管理的点点滴滴，用下面的三个案例，我把它定义为“三个管理者的境界”，来说说我的一点心得。

Part 1
手机在商场丢失，我们该怎么找回？以结果为导向，团队分工很重要

第一个命题，是手机在商场丢失，我们应该怎么找回？我相信肯定有姐妹有丢失手机的伤心记忆，我也有过。2013年年初，我刚买了个三星Note 2，还没插入手机卡，下班回家，从公司走到地铁站，一摸兜发现手机没了，当时真是懵了，一时无法接受手机丢失的现实。之所以用丢手机做开场白，是因为年前我有个同事在商场把手机丢了。且看，我们是会如何运用团队协作，使丢失的手机迅速“失而复得”？

当时刚好我们团队一行人在商场咖啡厅讨论项目，她去上了个洗手间后发现手机没了，自己也记不清楚什么时候丢的。我当时第一反应是征求咖啡店的店长让我们看下店内视频，看看视频中能否找到去洗手间的图像，确认下去洗手间前后有没有拿手机。

坚定信念，用专业逻辑科学推理分析

但是我们的要求被店长拒绝了，认为他们没权力让客户观看视频，除非有公安局人员在场。当时团队都在，我们就做了个分工：一个人去商场咨询台，也许会有人捡到手机交到咨询台同时可以广播；一个人负责找商场的视频监控（因为同事出去上厕所，有可能丢在厕所或者路上）；一个人在咖啡厅等待公安人员的到来，查看录像。

等公安人员来后，我们先去商场视频监控中心查看了下相应时间段从咖啡厅到厕所那段路程的监控，发现同事是在去厕所的途中将手机丢在路边，随后被一个小孩捡到，小孩爸爸将手机拿走。父子俩拿上手机后，往前走到一个拐角处，就脱离开视频

范围了。

这个拐角处刚好就是我们讨论项目的咖啡厅，再往前走是商场内上下楼的电梯口A，再往前走10米是商场出入口的电梯口B。两处电梯口都有视频监控。属于不同的监控机子，并且监控机子时间不一致，有快两分钟的，有慢两分钟的，原本丢失手机的同事在查看监控录像，三个录像一倒腾头大了，完全没有了分析能力。

把控时间节点，合理分配任务

于是，我安排部门的助理接替她，拿上纸和笔把每段时间都标注好，根据推算时间仔细查看录像，最终捋出这对父子还有孩子妈妈是在我们丢手机前十多分钟从电梯B口上来，随后父子俩去了洗手间，捡到手机后大约十多分钟爸爸又从B口离开，没有出现孩子和妈妈的身影。因此，我们断定孩子和妈妈应该还在商场，爸爸可能是临时外出，应该还会再回来。于是又调取了商场外部的录像，想看看爸爸从电梯B口出来后去了哪里。

下了电梯就脱离监控视线了，为了找下一段视频衔接的时间点，我们从电梯口B往下走，直到进入下一段视频的视线，计算了下大约时间，这样才找准时间去查看不同位置的视频。看了五六段监控视频后捋出来爸爸去了一个地方，随后又回来了通过电梯B口进入商场。

电梯B口进来后可能存在三个方向，一个是通过电梯A上下楼，一个是去往拐角的咖啡厅，一个是通过拐角去往其他地方。我们通过电梯A口和拐角前面的监控视频发现都没有爸爸的身影，断定爸爸很有可能去了咖啡厅。于是，安排两个同事去咖啡厅查看相应时间段的录像，看是否能找到这对父子的身影，与此同时我们想查找下这位爸爸中途去了哪里，我们猜想他是去放手机，十分钟左右又返回了，很有可能是把手机放车里了，车应该就在附近。

于是仔细查看视频，找到爸爸去往的方向，哪怕这个爸爸已经在监控视频中是个小黑点了，还是被我们细心的助理同事发现了。又对照了下查看视频当时那个位置的变化，发现好像车没有变化，打了下丢失手机也没有关机。于是，我们跑过去打电话，想试试是否能听到声音，同时将周围的汽车牌照都拍了下来，因为无法确定具体是哪辆车，当时想根据车牌号去停车场收费处查看每辆车进来的时间，根据时间来匹配，没想到收费处不登记车牌号，是手动计时，我们需要寻找其他线索。

以结果为导向，全力接近结果

幸运的是，在咖啡厅查看录像的同事发现那对父子恰巧当时就在咖啡厅就餐，并且根据咖啡厅的结账系统显示他们是会员，会员就意味着有手机号！公安同事拿到了手机号并且打了电话，对方刚开始不承认，最后不接电话。我们两位同事跟随公安同事去做笔录，公安调取出了他的其他信息，只是不告诉我们。我们问他名下有没有车，公安说有，我们直接报出了车牌号和车品牌，公安都吃惊了。

再打电话，这位爸爸就拉黑电话，我们换不同的电话打，并且发短信，最后公安查到了他的家庭地址和工作单位，发短信告诉他如果没有回复，明天将通知他的工作单位。最终这位爸爸用顺丰把手机寄回来了。

这不属于我分内的管理工作，但是这件事让我看到一些团队合作的精髓，首先团队长需要坚定的信念，相信“相信的力量”！其次对项目做科学的分析，把控时间节点，用专业来做推理（日常的工作更需要专业）；然后合理分配任务，发挥每个人的优势；最重要的是以结果为导向，想尽一切办法向结果推进，事后复盘，总结经验教训，为下一个项目提供支持。

这是作为管理者所需要具备的基础管理能力。我认为这是管理者的第一境界！

Part 2
只要你考第一，我就奖励你花裙子和新书包？反常规的管理，超预期

作为销售团队，往往最直接的考核就是“收入”。因此我们经常对销冠进行奖励，当整个团队表现突出时会对整个团队进行奖励。我之前也会这样做，用出国游来激励团队。

好几次激励，团队整体都没有达到预期目标。上个季度又制定了任务，承诺只要团队季度末提前完成，我们就来场说走就走的出境游，结果团队没有做到。我很犹豫，不知道这个时刻团队最需要哪种激励，也不清楚在业绩不好的情况下公司会不会批准费用，纠结了好几天。

一天凌晨四点突然醒来，脑子里只有一个想法，就是特殊时刻，即便没有达到目标，团队长也需要被鼓励，而不是一次又一次的挫败感。团队需要信心，需要再一次感受到凝聚的力量。这种内心信念的激发、这种凝聚力的创造，就是团队长要去做的。因此，我决定无论团队有没有完成业绩，我都要带他们来趟说走就走的旅游，公司不出费用，我们可以自己承担。因为团队一起旅游不仅仅应该是奖励，更是每个人职业生涯里很重要的回忆，同时也可以在陌生的环境中增强团队成员之间的凝聚力。同时激发大家内心的斗志，为了未来的美好生活，我们需要更加努力！

我们是领导的同时，更是职场同行者，大部分时间可以为了目标拼搏，需要共同承担，也需要释放压力，更需要笑对困难。

有时候反常规的管理反而会对员工产生超预期的效果。这是不同管理者具备的不同管理理念。仁者见仁智者见智，我认为这是管理者的第二境界！

Part 3
梅长苏的用人之道？让员工完成自己的梦想，这个梦想终极属于 BOSS

大家应该都对《琅琊榜》里的梅长苏印象深刻吧？他聪明、机智、理性，可对事物做科学系统的分析，料事如神，在江湖上名声鼎鼎，人脉广大，身边人无论男女都死心塌地追随他。

“聪明，机智，理性，料事如神”这些不是想学就能学来的，需要先天基因加后天的训练。唯有“对人才的选取”，我觉得是最值得我们管理者借鉴的。他从来不是在让员工帮他完成目标，而是员工都有自己的梦想和目标，梅长苏动用一切资源和人脉去实现这个目标，而这个目标恰恰也是梅长苏的目标。

这种情况，员工没有理由不积极主动，全力配合。也就是说作为团队长，招聘对的人是最重要的，大家需要具备相同的价值观和目标，然后共同为梦想去努力！

最近，我也在思考一个问题，既然大家为了梦想和目标组成团队，梦想和目标是动态的，那么这个团队就应该不是永久的。到达一定的时机，就需要分开各自获取更大的机会和成长，各自去吸取不同的知识和经验，确保整个团队的能量是增强的，有朝一日团队重组，可以产生更大的价值！

作为领导，应该有如此的修养和格局，我认为这是管理者的第三重境界！

谢谢大家的聆听，也希望其他的姐妹可以一起探讨“管理”这个仁者见仁、智者见智的课题！

{金语}

1. 团队合作的精髓，首先团队长需要坚定的信念，相信“相信的力量”！

2. 有时候反常规的管理反而会对员工产生超预期的效果。

3. 作为团队长，招聘对的人是最重要的，大家需要具备相同的价值观和目标，为共同的梦想去努力。

4. 梦想和目标是动态的，那么这个团队就应该不是永久的。到达一定的时机，就需要分开各自获取更大的机会和成长，各自去吸取不同的知识和经验，确保整个团队的能量是增强的，有朝一日团队重组，可以产生更大的价值！

孙源源

北京人，英国贝德福德大学国际贸易学士、大众传播硕士。2005 年回国加入央视创业节目《赢在中国》节目组、2007 年央视《我们》栏目组。2009 年起任优米网创始核心团队员工、深入核心产品搭建和初期团队建设、任直播节目主持人。还曾担任品牌中心负责人、核心产品发布会负责人，后期主导平台运营和人力资源搭建。现为北京云莱坞文化传媒有限公司活动运营总监。热爱旅行，喜爱电影，Vintage 文化爱好者。

如何选择一个好老板跟随十年

话题

认识源源，缘于一次邂逅。然后一起合作过一次活动，仅此而已。记得当初跟她聊合作，也是 business to business，但很惊讶于她的反应以及容貌的年轻活力。后来深聊，才知道她追随当今叱咤风云的前央视知名制片人王利芬老师已经整整十年。十年的磨炼，对一个初出茅庐的职场新人来说谈何容易。一个久经沙场的江湖人物，能够手把手教自己，给自己犯错试错的机会，何其难得。无疑，她是幸运的，也是很值得钦佩的。今天，源源将分享她十年来的辛酸历程和快速成长的心路之旅。

大家好，感谢茉莉家族的邀请，非常开心能在这样一个时间和大家一起聊一聊。首先自我介绍一下，我的名字是个叠字，“源源不断”的前两个字。我爸爸给我起这个名字的时候，希望我这辈子的好运源源不断地来，绵延不绝。我是北京人，高中毕业去了英国，度过了我的大学时期。

2005 年 8 月，机缘巧合，在我准备回国的时候，一位在美国的长辈，为我和王利芬老师牵了个线。王利芬老师当时已经是央视二套炙手可热的制片人，做了《对话》和很多脍炙人口的经济节目。她当时在美国做访问学者，也正准备回国创办一个全新的电视节目。就这样我和王老师开始通过邮件的形式，对要做的这档全新节目有了初步的沟通，这个节目就是后来非常火爆的《赢在中国》。缘分很奇怪，人生的选择也是一步跟着一步，偶然里肯定有必然。

Part 1
为什么是10年?

十年，修炼的是“内功”

回国之后，第一次和王老师见面，那是一个电视媒体人的策划会，一直到现在她回忆我当时的样子都说：“你就是个怯怯的小姑娘，坐在所有人的最后面，也不怎么说话，就那么静静地听着。”留学的这5年多正是中国发展最快的时候，回国之后真的连北京都快不认识了，更何况从未进入过行业的顶尖策划会，我真的什么建议都给不出，就只能选择静静聆听学习。每一个初入职场的新人，都是一张白纸。不过从那一次之后，我就决定追随着她，做一件大事。那是2005年的11月。

从2005年到2015年，是我认识王老师的整整十年。大学毕业生进入职场的这段时间，真的是一段很需要磨合的时光，我非常庆幸，她给我了一个非常宽容的过渡期。说起过渡期，我也有过一段很傻的岁月。开始不知道怎么称呼她，是叫王总？王导？王制片人？后来我知道，电视人都叫“老师”，王老师最早也做过大学老师，这个称谓也一直叫到今天。

最开始加入这个团队的时候，真的是抱着学习一切的态度来做的。开始的工作，就是打杂。因为在留学时候打工过，我也没有觉得这样的一个工作有多低端，从倒水、扫地、收快递、买办公用品、打印和最琐碎的事情做起。

几周之后，王老师特别把我叫到她的办公室。我还记得她说，一个海归能专注地做好这些看似比较low但是又很重要的工作，非常好。“没有好高骛远，愿意做最基本的工作”，这才是职场人应有的态度。经验可以累积，但是心态才是根本。最基本的考试算是通过了，她希望我能做她的秘书兼助理，并且希望能做得长久一些。我当时就答应了，确实没有考虑太多，算是一个口头的契约吧。但是我真的做满五年的时候，自己也是挺惊讶，居然能坚持这么久。

从一个懵懂的学生过渡到职业的职场人，是一个非常重要的时期。许多年之后，每次在带新入职的应届生时，我都比较有耐心，也会容忍他们犯错误。因为我都会想起最开始初入职场时候的情景，好的老板真的可以让一个职场小白，很快步入正轨。

与王老师的“契约五年”

分享一下，我理解的“契约精神”。跟一个老板共事其实有点像选择伴侣，在某个阶段中一样要严谨和慎重。个人的目标和公司的大方向，以及企业价值观与个人价值观是否契合。最开始的这五年，只是口头的约定，如果我在中间离开也是一个正常的职场现象。但是我心里总有一个短期目标，想给自己五年的时间磨炼一下。

职场新人犯错误的几率会特别高，我犯过很多错误：给客户送错文件，录制节目遗失道具，王老师都会很包容，但是她同时说：“一样的错误，不要犯两次。”我在这样的“包容”里，也迅速成长。而且，最让我欣赏的一点就是，对事不对人。这也是我认为，能跟随她10年的一个很重要的原因。

前五年的职场生涯，有三年是做助理，两年做助理兼统筹。这五年都在做电视媒体的工作，也真正让我运用到了我的专业，同样也磨炼了我的耐性和包容度。因为电视从业者，真的是电视民工，非常辛苦。没日没夜，像打仗一样，好多次累到想哭，但是擦干眼泪一样干活。那段时间真的挺拼，也特别爱感动，正因为这五年，看似没做什么高大上的工作，但是却真正锻炼了我的内在柔韧性。

跟对人，才能修炼得道。师傅领进门之后，修行在个人。

又一个五年开始

2009年，王老师从央视辞职开始创业，在当时也是一个非常轰动的媒体事件。对于我来讲，也是一个新时期的开始。同样，她又问了我，是否愿意再做一个五年，做新媒体，挑战自我。而且这五年可能比之前更苦、更累。我答应了。

一切都从头开始。招兵买马、新人培训、业务研讨、网站上线，每一个环节我都参与经历，历历在目。那个时候我也在旁边，看着她风里来雨里去，开始新的事业和探索，那种拼搏的精神，经常能打动我。其实大家都不知道方向在哪，走一步看一步。但是，正是由于前五年的共事，信任的基础已经非常稳固，对于创业，真的抡起膀子干，也算是一个很坚固的支持。

回顾新媒体的这五年，我和王老师也有过很深入的对话，她说真的是倾注了很多心血在培养我，锻炼我，磨炼我。我也很感慨，因为这五年，业务的摸索让我基本把所有的岗位都做过了，从传统媒体，到互联网，真的学到了好多的东西。当然错误无数，有时候回过头看自己，一件简单的事情，当时可能想不明白。但是这样的历练，回过头来才能看到自己的成长。

记得刚做互联网的时候，因为是一个在线视频的学习平台，每周一到周五，晚八点都会做一个半小时的在线直播，每天邀请一位企业大佬来，和年轻人分享创业和职场的经验。当有一天，王老师突然和我说："你明天就去主持这个节目吧，我觉得你可以。"我当时有点懵，说："我不行……"没有任何主持从业经验的我，胆怯了。

但是她说："你行的。"我当时既不是专业主持人，也没有实实在在做过访谈。但是她说："我觉得你可以，你有这个潜力，试试吧。"说实话，当天晚上我紧张得睡不着，别说采访的逻辑，对着镜头不打磕巴说一大段开场白，就是个不小的挑战。何况还有几千在线网友，现场还有嘉宾和观众。但是，没有退路，硬着头皮都要上。

一晚上对着镜子练，第二天上班都在练习。到晚上直播的时候，潜能爆发，我真的就开了场，介绍嘉宾，与观众互动，把节目顺利做下来了。尽管结束的时候手里都是汗，但是自己内心突然就感觉上升到了一个高度，有欣喜，有满足，有感动。感动是对于老板的信任，也有对自己潜力的新的认知，原来我真的可以。

从那天开始，我找到了另一种职业的体验和经历。我做了整整一年的主持工作，采访了大大小小的企业家、老板、名人、作家。这段经历是对我更高层次的磨炼，面对突发情况的辨识和判断、控场，也让我不仅仅在业务本身，在沟通、社交很多维度，都有了提升。很多年后我依然记得当时的情景，感谢她给我这个机会，给我这个平台。我心里也暗暗欣慰，机会真的是给有准备的人的。所以，十年的修炼，炼的是自己的内功。

2017 云莱坞 年会盛典
Cloudwood
2017 Annual Awards

Part 2
“坚持”是一件修炼内功的事情

在这十年里，我自己也总结了很多和老板沟通磨合的方法。首先，就是知道老板要什么。可以理解是一个长期的、然后分解成短期的目标，大目标老板要做什么，是否能和你的长期目标基本契合。再看短期目标，老板要怎样的结果，主动和老板沟通你的计划，多久能看到一个合格的结果，这个结果是不是她要的。

1.要给出老板解决方案，而不是说我不行。

王老师是一个很果断的人，对于判断事物，她有自己的角度和方式，我做助理的时候学到的最重要的一件事情就是，不要上来就反驳你的老板，先尝试去做，做过之后再和老板沟通结果，如果推翻，同时要给出更好的建议，如果你只是抱怨或者说不做，也给不出建设性的建议，那老板一般都是无法接受的。因为老板请你来是解决问题的。

2.站在老板的角度去看问题。

开始的几年，我是做不到这点的。站在老板的角度看问题是很难，和你老板的角度一样？你要定战略吗？你要去开疆辟土吗？你会拿自己的钱给员工发工资吗？所以立场不一样，肯定想法也不同。这个时候，先学会理解，站在老板的角度去看看，是否可以理解。后面几年，随着自己阅历和经验的增加，慢慢就可以找到共鸣，甚至可以提出更好的解决方案。

3.要直面自己的缺点。

人无完人，都有缺点，但是和老板共事，对自己的缺点要有自我认知。这不是妥协的问题，而是站在公司的角度，从长远发展来看。举个例子，从2015年开始，我负责公司人力资源的工作。部门的一个主管当时带着招聘经理，要给销售部紧急招聘，需要的人比较多，要求也比较高，这个工作在两个月之内，一共找了大概有180多个候选人，但是由于种种原因，最终入职符合标准留下来的不到5个人。

虽然过程非常辛苦，但是结果没有达到要求。这个结果肯定是不合格的，无论过程有多艰辛。当时我们整个部门的人都感到很委屈，付出这么多，这样的结局也是由很多原因造成的，不能只由人力资源部门来承担。但是在和老板最后沟通的过程中，她就指出来其实完成任务达标只是一种结果，如果在这个过程中，我们能及时提出任务的难度，而不是一味自己死扛，可能就有另一种解决方案，那么结果可能就会发生变化，而不是招不上来人，影响业绩。

4.调整心态是最难的。

十年里我在很多岗位都磨炼过，也经历了很多想象不到的困难。有时候带团队，也有突然空降了一个领导进来。创业公司的变化非常快，需要拥抱变化。要快速融合和磨合的时候，心态真的很重要。人要像弹簧一样，能屈能伸，能高能低，能上去，也能下来。

在顺的过程当中，人的成长相对会比较慢。有时工作越难做，反而成长越快。在前几年我也经历了人生中的结婚、怀孕、生子，但是，同时也没有放弃工作，一直都在平衡家庭和事业的关系。尽管挺累的，但也很满足，坚持的最大内在因素就是心态。好心态，是可以解决问题的，也可以包容很多。

Part 3
下一个十年

现在回过头来看，我的人生可以用五年——五年来做规划。从高中毕业去留学，在英国的五年，开阔眼界学成归国。初入职场的五年，积累经验，磨炼自己。创业的五年，开疆扩土，修炼内功。这十五年，对我来讲，是人生非常难得的过程。下一个五年会更精彩。

用五年给自己的人生做规划，是一件不错的事。给自己设定一个时间点，一个短期的目标和规划，用五年来计算。可能五年有点长，也可以设定一个短期的目标来给自己一个结果。

规划是一个层面，但也需要冒险和尝试。好心态可以保持年轻和活力。互联网让我们尝试一些新鲜事物，多尝试才能多创新。

在我有了孩子，从怀孕到生产，感觉像重新活过一次。这样的感觉非常好，女人有了孩子之后，会变得更有耐心和包容心，更坚强。我生孩子的时候，经历了类似于难产的过程。孩子的生命一度有危险，经过一段时间抢救和住院，当时对我的心态真是有非常大的磨炼。现在回头看看，这种体会还是非常难忘的。

女性真的很辛苦，要去面对很多事情，包括刚刚生产之后身体的虚弱，要面对突发的状况，而且要控制自己的情绪，甚至有些妈妈还得一些产后抑郁症。家里还会有一些矛盾，这些事情都会逼着你，硬压着性子去慢慢解决，这也是一种心性的磨砺，这也是人生的另一种经历。我相信很多有了宝宝的女同胞，都也经历过这个阶段。

最后想讲的是，女性生了孩子之后是全职在家带孩子还是回归职场。相信很多妈妈也认真想过。有很多妈妈，都选择放弃了事业，在家陪伴孩子。

对于我来讲，我回归了职场，因为我还是希望有一番自己的事业。当然兼顾家庭和事业也非常难，拿捏得度也非常关键。职场妈妈特别不容易，但是回归职场之后，开放的心态、自信的斗志和亢奋的状态，还是会让人成长。

正是有这样一个过程，妈妈如果是这样一种状态，反馈到孩子身上，也是正向的激励和榜样。全职妈妈是非常值得尊重的，因为她们放弃了人生当中非常重要的事业，但是为家庭完全放弃自我也并非完全可取。大家可以平衡中间的关系。其实，“对孩子最好的教育，就是做一个对社会和家庭有责任和担当的母亲”。

有稳定的收入、有价值的追求、有理性的判断和解决问题的能力，都是在事业和家庭平衡当中逐渐建立起来的。最终贫富并不是我们追求的目标，身体力行，榜样的力量才是对孩子最好的教育。全职妈妈是值得尊重的，但也不要放弃自我，不要放弃自己心中的那个梦。

我希望在我的下一人生阶段能变得更好，能陪伴家人和孩子，给他们一个非常安稳的家。最后跟大家分享一个感受，女性在事业上升期真的很辛苦，但是这样的内修，可以提升自我，是可以积累的。让自己变得成熟、大气、稳重，才是给孩子一个最好的榜样。到老的时候我们都是一群特别有气质和风度的老太太，还依然有追求和梦想。

最后一句话，跟大家分享：“成熟的麦穗是饱满和弯下腰的，真正的巨人需要俯下身子做事情。”

{金语}

1. 没有好高骛远，愿意做最基本的工作，这才是职场人应有的态度。经验可以累积，但是心态才是根本。

2. 跟一个老板共事其实有点像选择伴侣，一样要严谨和慎重。

3. 创业公司的变化非常快，需要拥抱变化。要快速融合和磨合的时候，心态真的很重要，像弹簧一样，能屈能伸，能高能低，能上去，也能下来。

4. 其实，“对孩子最好的教育，就是做一个对社会和家庭有责任和担当的母亲”。

CHAPTER 6

美好的折射面

成功嫁个有钱人

话题

茉莉：这个话题，很有争议。约上大薇的时间是真的不容易。她跟老公在瑞士到苏黎世的火车上，信号不好。原计划北京时间晚上八点开始的课堂，延迟到晚上十点半开始，一直持续到十二点。这样一场不限时聊到 high 的 live talk（现场演讲），使我们看到了“现实版灰姑娘”的心路历程，在分享之后的评论中不免感慨：大薇比某些影星的情商高多了。想嫁有钱人，情商绝对是第一位的！

大薇：说来惭愧，当时我正跟先生在欧洲旅游，分享的时候刚到瑞士。分享之前的几天刚从米伦小镇出来，在因特拉肯登了少女峰，玩了跳伞刚下山，正在美美地享用午餐的时候，收到茉莉发来的消息："准备开始姐妹课堂了。"而我吃完午餐马上要搭火车前往苏黎世。大家为了等待这堂课，一直等到北京时间晚间十点（瑞士时间下午），终于开始了分享。这堂让人热血沸腾的课，大家兴致勃勃地聊到了北京时间的半夜十二点。

这是个非常有争议性的标题，而我之所以把它用作标题并不是想强调"如何"二字，我整个分享中不会提及"如何"所要用到的方式方法，我很好奇女性朋友开始看到这个标题的时候第一反应会是什么呢？兴奋地跃跃欲试还是嗤之以鼻？

刚开始茉莉家族邀请我分享这个话题的时候，我是犹豫的，也再三地思考，这个命题会不会有误导一些年轻女性朋友的倾向？ 或者说会不会让人觉得我们的三观不正？因为在这个物欲横流、纸醉金迷的社会太缺少些正能量的东西了，我们现在还来分享这个"看上去很拜金"的话题，会引发轩然大波吧？

但是，转念一想，其实我们正好可以利用这次讨论来给大家树立一个更正确更健康的婚姻观，何乐而不为呢？拜金不是错，生活不是错，谁都想自己能生活得好一点，但是很多物质的人偷换了一个概念，就是为了金钱而违背道德去换取，甚至不惜牺牲自己的爱情和婚姻，这样的行为与我今天分享的话题背道而驰。

好了说了那么多，我们该进入正题了。

首先姑娘们，你们做好恋爱成家的准备了吗？知道自己想找个什么样的另一半吗？或者说在经历了一次次失败后知道什么样的另一半适合自己吗？恋爱是享受也是甜蜜的负担，找到一个真爱的人，又何必在乎对方条件如何？奔着靠婚姻发家致富的姑娘们，你们也真的考虑好了么？生活真的只剩下物质才能让你愉悦么？

Part 1
嫁入“豪门”的关键：提升自己

有钱人分好几种，有暴发户，有白手起家的企业家，有含着金汤匙出世的富家二代，有管理着大型跨国企业的霸道总裁，这些角色其实有共通点，比如富家二代可以通过自己的努力成为企业总裁，或者完全不依靠家里成为白手起家的企业家。但是这些人，因为生长的环境和背景都不相同，他们之间的价值观、世界观也是大相径庭的，如果姑娘们只是想单纯找个有钱人嫁了，即使是暴发户想必你也不会介意。可是在我看来，生活是很美好的，你们真的要过那种每天只剩下买买买的日子？

在如今的社会，妇女能顶半边天，很多姑娘家世好、受过良好的教育、聪明漂亮又能干，比如格力董明珠、影视明星范冰冰，还有很多其他的女性强人，她们本身的格局决定了她们的另一半必定是跟她们同样格局、相同水平的人。

所以提升自己是最重要的，你是什么样的人就会吸引什么样的人，你们会有相似的价值观、消费观，这样的情感才能持续长久。我喜欢定期往家里添置不同的鲜花，有花店帮忙扎好的，直接插在花瓶里就完事，也有买回来我自己搭配修剪的。我还喜欢每年去两三个国家走走，体验不同的文化和风景，夏天要去看海垂钓，冬天要泡温泉品酒，喜欢精致的东西，享受各种美食并且学着在家里做，偶尔体验下极限运动。我先生也是这样的人，我俩有着同样的生活观，他既是工作狂也是恋家狂，生活简单却讲究，我爱研究菜式，他爱品尝美食，我买花他打理，我垂钓他放哨，所以我俩走到了一起。

Part 2
结识有思想的“有钱人”

都说最重要的是人好，好像这样才高尚，所谓的“有情饮水饱”。虽然爱情总是和各种条件有关，尤其在这个无比现实的社会，但是找个条件好的男人一定会比找个条件一般的男人要过得幸福？一个有钱人，或许有更好的艺术鉴赏力、见识、气度，但我一直觉得一个男人有思想，才是最重要的，任何一种衣食住行的背后，都透射出他对于生活事物的看法和他的品德。

很多姑娘在跟这些成功人士交往的时候，情不自禁地就会崇拜上这些男人，脑子一热就进入了自己的人设中，然后由崇拜转为迷恋，所以也许这位男士并不是你想象中的样子，“有钱”不代表人品好、性格好，对你好也并不是整天为你花钱。

我有个闺蜜，男朋友今天给买珠宝，明天买衣服，后天买包包，可是我闺蜜是个相对独立的女孩子，很有自己的想法和意见。两人经常吵架，我女朋友常跟我抱怨，真累啊，不想继续交往了。同样我还有个闺蜜，男朋友也是所谓的成功人士，但是比较大男子主义，“他说一女朋友最好不要说二”的那种。两个人在一起相处，需要磨合的方面本来就比较多，结果导致了两人几乎天天吵架。

所以，大家会以为我会讨论“成功人士要工作，没有时间陪你”，或者是“给你花钱不够大方”这种老掉牙的话题么？不会的，我反而要告诉你们，即使你的这个成功人士男朋友对你非常大方，经常陪着你的时候，你们会遇到什么状况。如果大家不太能理解，觉得这些都是小问题，是我的闺蜜们太作了，身在福中不知福，那可就大错特错了。

两个人在一起必须是感觉到愉悦的放松的，有商有量的过日子，共同进退，共同面对，一起搀扶着往前走，才可能走得更远。人往往容易羡慕别人，却不知道别人精彩生活背后的无奈，但是你们要知道，这个世界上，最珍贵的东西往往是免费的，第二好的东西才是很贵的。

所以姑娘们，物质真的没有大过天，这个男人对你好不好、是否能照顾你并且和你平等地相处这才是正事，即使你还很年轻，即使你的事业还默默无闻，放平心态，谦虚、平和、平等地跟他们接触交往就可以了，不必过多地去推销自己，装饰自己，生活在一起了终究会回归凡人。

我一个好朋友的先生是上市公司老总，当初约会的时候他先生居然买了袋苹果加一束鲜花给她，因为他觉得买花太单薄了，小姑娘家肯定爱吃水果不如再买袋水果好了。我先生也是有一年生日问我想要什么礼物，我说你很久没有送花给我了，不如送一束鲜花给我吧，先生满口答应了，立马载我去买花。我在花店外面挑花的时候，先生把花店逛了个遍，然后溜达到我身边说，哎，鲜花容易凋谢，我送个盆栽给你吧。我一想，也对。结果，我俩买了盆兰花回家了。

所以，生活其实就是这样，这些成功男人，可能不一定很解风情，也一定是会在家穿拖鞋裤衩跷二郎腿的，但是这就是生活啊。很多人认为有钱人会出现的地方都是高尔夫球场、五星级酒店的餐厅、奢侈品店、音乐厅等这些高大上的场合，姑娘们不要以为路边摊就不会有他们的身影了，你们的“国民老公”王思聪最爱的可是路边摊啊，有钱人在生活中可能是个再普通不过的人了。

Part 3
我的先生是个“有钱人”

我跟我先生是在飞机上认识的，既老套又浪漫的故事情节——美丽的空姐遇上温柔的总裁，他有空闲时会坐着我的航班跟着我飞，有时候我飞出去外地停留的时候，他也会突然空降到我所在的城市。可以说，我们一起走过了国内、国外大大小小的国家和城市。

因为先生年纪稍长我，谈吐见识在当时二十出头的我眼里既风趣又有内涵，带我开阔了眼界，帮我解决了生活工作上的各种问题，最常跟我说的一句话就是：“你不用管了，我来处理就好。”其实我当时也是他的一个小迷妹，对他满满的崇拜，先生是个很细致的人，从每天提醒我开车要系安全带，到晚上睡觉怕打呼噜影响我，让我先睡。同时他也是个谦逊低调的人，我爱热闹爱跟朋友们在一起，他下班回家喝茶处理文件等我回来。我爱打扮得美美的，先生几年来穿衣风格没怎么变过，简单朴素。我喜欢花、喜欢画，家里装修风格摆饰全都是按照我的喜好来。

说实话，我们也会有不少观念不一致的时候，但是却被他处理得非常好，所以家庭和睦。所以在他的影响下，我也渐渐从“云上的日子”过渡到脚踏实地过日子的生活，学会理财，学会安排家人的起居饮食，学会不那么盛气凌人，学会温和谦逊，减少不必要的聚会，在家陪孩子陪家人。客人来家里谈事情，即使再晚也会安排好点心、茶水，道声晚安才回房。我很庆幸自己能遇到一个好人，一个能让我成长的人，但是却从来没有得意过我找了一个条件还不错的男人。

所以，爱情并不是一件有固定的方式、方法去处理或者是能走捷径的事，她的美妙就在于她的未知与不确定，而爱情中的小小惊慌也正是来自于这些未知与不确定，如此矛盾的激烈碰撞，是爱情中最美妙的烟火。

当然，姑娘你想嫁一个有钱人，也并不是什么不光彩的事情。婚姻是女人的第二次生命，嫁对了人相当于重生，所以依然希望你们自立，有养活自己的本事；懂爱，也知道享受被爱。人无完人，金无足赤，没有百分百合适的两个人，没有百分百如愿的婚姻，就像金子，永远达不到百分百的含金量。

你心爱的衣服不扛冻，你最爱的鞋子不防滑。我非常喜欢一个主持人说的一段话："如果是真心实意的男人，他的成熟是一种包容、体贴和睿智，他的财富是生活品位的保证和能力的体现；但是对于虚情假意的老狐狸来说就不一样了，他的成熟是老奸巨猾、老谋深算，他的财富是交换青春的筹码和勾引女孩的诱饵。"希望姑娘们都能碰到徐志摩笔下的那个人——只要你要，只要我有。

{金语}

1. 这个世界上，最珍贵的东西往往是免费的，第二好的东西往往是很贵的。
2. 爱情并不是一件有固定的方式、方法去处理或者是能走捷径的事，她的美妙就在于她的未知与不确定，而爱情中的小小惊慌也正是来自于这些未知与不确定，如此矛盾的激烈碰撞，是爱情中最美妙的烟火。
3. 你心爱的衣服不扛冻，你最爱的鞋子不防滑。

赵伊文 Grace

服装设计科班出身，现任互联网公司高管，跨界时装设计师，时尚买手。对美的热爱和追求已成为一种习惯，这份热爱给予着自己能量。在这样一个消费升级、越来越在乎内心和个性化需求的时代，人们内心渴望着表现自我，标新立异，展现品位，与众不同。

时装是女人表达自我最直接的方式，热爱和追求时尚，是生活中的一抹亮色，不仅仅是外在时髦的服饰或打眼的装扮，更多的是“自我”对生活的要求和热爱着什么的具体实现，通过时尚以点带面地营造出生活品位，当生活以自己喜欢的方式进行着时，就是对自我最好的呈现。

如何打造温暖人心的小众品牌

话题

创立一个由自己命名，甚至是用自己名字命名的独立设计师品牌，是很多女性心中的梦想。Grace 也一直怀揣着这样一个梦想，并朝着梦想步步前进。今天的话题分享，将从她的独特视角出发，去解析这样一个“梦幻之境”，并告诉所有的女性，创造一个属于自己的品牌，是可以梦想成真的。

大家好，我是 Grace。“独立设计师”这个词大家应该已经不陌生了，当你走在北京的三里屯，上海的长乐路、新天地，你可以看到一个又一个很有风格的小店，交相辉映，各不相同。精心布置的店面，陈列着凝结设计师心血的作品，大多很有腔调。有的是卖衣服，有的是卖生活。

今天想跟大家分享的是很多姐妹好奇的独立设计师品牌，从我自身与时尚有关的方面，基于多年来的行业经验以及对于独立设计师的品牌观察，带大家走近这个职业，了解这个职业的发展状态。

Part 1
独立设计师品牌的概念

独立设计师品牌，顾名思义，是以设计师意志为导向的品牌，而非迎合市场所产生的商业品牌。独立设计师，不同于传统服装公司需要考核业绩去迎合大众消费者的设计师，独立设计师是表达自己设计想法、个人风格意念的设计师。成为一名独立设计师，拥有自己的服装品牌，是许多设计师的梦想和目标，将自己的品位通过时装展现出来。

设计的范畴很广，今天我与大家交流的是服装设计。想要做一名独立服装设计师，除了本身对服装设计的深入学习和了解之外，还要对“自我”有清晰的认知，内心要有坚定、想要表达的想法，有自己专属的风格气质，并对个人风格的诠释有明确的逻辑。你的气质里，会藏着你走过的路，看过的风景，读过的书。你的偏爱、癖好、性格、态度、看问题的视角，等等，关于你的一切都可能会成为你作品的基因。

关于设计这个概念，很多人会问“什么是设计”。

设计就是出于你对生活的观察、感悟和发现，从而创造出更能够“make it better”（变得更好）的东西。其实无论是做哪个品类的独立设计，都是要让消费者体会到你在其中所花的心思。设计就是让生活更美好。比如有时偶遇的创意小店，发现一些小东西很贴心地满足你生活中更进一步的需求，那就是一种创造。这种创造，它起到了让你的生活更美好的作用，创意改变生活，这就体现了设计的价值。

那么，体现在服装设计上也是一样的，你的设计是想表达什么，想改变什么，是抽象于想赋予服饰某种含义，还是具体于穿上之后对于身材的修饰和改变，这些都

是有价值的部分。设计就是在创造这样一种价值，你去表达自己，然后遇到有共鸣的人，他们就是你的客户群。独立设计不是批量生产、面向大众的一般消费品，它更多是适用于小部分、特定的、对口味有需求的人群。在你收到这个东西的时候，你会觉得它懂你，它就是你想要的。那么，你就会关注它，因为你内心需要的东西，它恰好给你了。

其实在生活中，很多人就是在寻找共鸣。你作为独立设计师就要有自己独立的、独特的灵魂并且去展现出来，这时候不考虑太多商业，就是表达自己。这也是和商业公司最不同的地方，也是很多商业设计师内心纠结的地方。因为商业化意味着可能不那么“自己”。而不商业化，完全贴合内心的想法，必然不能兼顾所有人，意味着销量不能有一个稳定的保障，而大多数的服装公司是由不得设计师这么做的。

Part 2
独立设计师的灵感是设计之魂

灵感，一个神秘而充满了幻想的词，好像某天突然得到了潘多拉的盒子。刚刚说了，独立设计师要有独立的灵魂、独特的东西。首先需要你的灵感，我们接下来就要谈谈所谓的“灵感”是什么。我们常常听到那种有了灵感然后创造了伟大事物的故事。

同样的，设计也是一种发明，一种发现，一种源于对生活的敏感、对外界事物捕捉的敏锐感和快速的反应。所以，你有什么idea（想法），对于你的设计至关重要，关乎你的设计的灵魂是什么。在此之下的一切表达均是要围绕着这个灵魂来展开的。你要诠释给外界的，都来自于这股核心力量。

所以，你要去寻找你的灵感来源，它可以激发你产生创意。可能出于一部电影的感受、可能出于一本书的读后感，可能是你去了哪里旅游，那里的风土人情给你留下了深刻的印象，或者某种情怀让你念念不忘。或许是一片叶子的形状，或许是一种风格的感染，可能是具象的，也可能是抽象的。总之你要懂得采集捕捉生活的赐予。

做设计，就是用自己内心的丰富去影响他人，感染他人。具体怎么制订整个企划案呢，这就需要下一步的丰满。

有了灵感来源之后，就如同有了心脏，你要有能够支持其站立行走的骨架。第一，你要确定设计主题，也就是你想表达的是什么。“你是谁？你看世界的方式是怎样的？你有什么特质？有什么特别的感受或创意想去表达和展现？”你需要对你

所要表达的概念设定一个主题。也就是顺着灵感来源，去具体化你的设计主题。

对于设计师来说，设计的主题是设计师的创作高度、市场理念、设计语言的综合体现。可以海阔天空地去想，方向会很多、很发散，可以从任何一个方向出发，文化、电影、文学、时政、艺术、绘画、哲学、神学、建筑、动物等。一切的方向也许都是你灵感的来源，大胆地去构思，但是在设计上要有对应的设计语言的表达。平日里要做一个有心人，把对生活中的所思所感搜集起来成为自己设计的素材，然后大量地去搜集与灵感来源有关的素材。

第二，设计企划，如何成系列地呈现。围绕着主题，运用搜集而来的素材，确立设计的系列，探寻款式版型的可行性，并确定分别要从什么样的角度去诠释自己的设计。

第三，色彩和材质的企划。根据设计主题确定整体的色彩风格，制订色彩方案，确定色系风格。然后需要制订面辅料方案，就是你要用什么材料去表达自己的设计，且同时需要验证其可实现性。因为有些材质你认为随手拿来就可以成为你的面料辅料，但实际上它未必是合适的面料。

第四，是细节设计的企划。要通过哪些细节来表现设计概念的整体性，各系列之间存在什么样的关系，用什么样的细节来支撑，能否和整体的设计语言呼应。还要考虑要不要设计配饰的细节。一条普通的裙子，因为有了配饰，增加了整体风格的美感和质感。通过以上的步骤，通过素材的搜集和细化，你需要绘制出具体的款式，由此确定方案。

Part 3
落实你的设计

首先，进行市场测试。有了前期的准备之后，具备了成型的方案，接下来就是要去探寻其可行性，进而开始落实丰满每一项具体的设计。找到一些具有代表性的目标人群，讲出你的故事，看你的故事是否可以打动别人，让你的企划案亮相，并收集意见。把一些欣赏你风格的人，变成你的初始粉丝，及时地分享动态，让朋友们从用户的角度去为你给出一些反馈意见。

接下来，做出样衣。将你的构想变成现实，需要你和制版师、工艺师沟通。服装首先是要有设计图—结构图—绘制版型—剪裁缝纫这样的过程。打板是服装生产很重要的一步，版师在审板的过程中，设计师经历了一个概念转化成一件产品的全过程，也会有一些补充、调整或推倒重来。会反复地确认一些细节和实现的可能性，未考虑周全的地方进行细微的调整或改造。最终确认款式，并制作出来。

Part 4
如何找到你的消费人群并进行市场推广

1. 开设自己的实体品牌店铺，是非常直接的实现梦想的方式。但是，要注意根据你的客群定位、价格水平，选址在恰当的地方，比如热门的商场、临街的店铺，或是开在某个安静的小巷，这需要你根据自身品牌的定位和预算水平去考量。

2. 入驻showroom、买手店、D2C平台也是常用的渠道。

Showroom，简而言之就是展厅，就是通过一个空间来展示产品，始于欧美时尚行业的showroom已成为一种成熟的商业模式。不同于T台是通过声光电和模特动态展示时装，showroom则是通过营造一个空间，通过陈列，静态、纯粹地展示时装本身所蕴含的设计理念和视觉美学。

借助于showroom，可徜徉于所营造的纯粹的艺术空间，可以细细体会服饰的风格品位、色彩、细节、装饰。showroom通常以订货会的方式出货，客户常为大型百货公司、服装公司、品牌代理等。

买手店，是一种来自欧洲的商业模式，也被称为“买手式经营”。是指以目标顾客独特的时尚品位为基准，挑选不同品牌的时装、饰品、珠宝、皮包、鞋子以及化妆品、家居等商品，汇聚在一起，自成一店。买手店的出现源于消费者对于时尚的个性化需求，这些专为小众和品位鲜明的消费者服务的店铺，与“时尚”“品位”“独特”“个性化”等定义联系在一起。

这些店铺的特点是品牌庞杂，但审美品位专一，它们针对一个事先设定好的消费群进行商品采购，而买手店的竞争优势只有一样，就是品位。找到和你的品牌气质相投的买手店进行合作，也是一种较轻的模式。

近几年崛起的D2C平台，也在成为着扶植和推动独立设计师发展的一种新的方式。D2C，即DESIGNER TO CUSTOMER（设计师集成平台），如同一家线上的买手集成店铺，直接连接设计师和消费者。汇集众多独立设计师的作品，给了更多设计师展示自己作品的机会，一些设计师由于专注于设计，缺乏推广和营销自己产品的精力和意识，这样的平台也可以提供一站式的推广销售服务。同时，消费者浏览一家D2C网站，就可以看到更多设计师的作品，挑选喜欢的服饰下单购买，这就缩短了消费者和设计师之间的距离。

3. 合作。设计师具备良好的交际能力和沟通能力，可以让更多的人了解自己，根据市场定位发掘更多的可能性。比如跨界合作、主题活动等。

4. 明星效应，与“流量主”合作。粉丝经济的时代，发挥你的优势，找到合适的“代言人”，去宣传和推广你的品牌。比如，现在非常有名的兰玉婚纱定制，就是通过给明星做婚纱一炮而红的。很长一段时间，设计师兰玉的名字频繁出现在各路媒体上，因为她设计的礼服不断地被许多大牌女星们穿在身上，大牌女星婚纱的选择成为了诸多美丽新娘的向往，无形的品牌效应不言而喻，奠定了她在国内高定婚纱第一品牌的地位。

Part 5
成功独立设计师案例

接下来分享两名独立设计师，一名是法国知名原创服装设计师，一名是意大利留学归国的独立服装设计师。

设计师陈蓓，东方自然与西方雕塑感的“混血设计师”

陈蓓，是活跃在法国时尚领域的知名服装设计师。出生于西安，2000年从清华美院毕业，之后只身前往法国深造服装设计，现为知名旅法服装设计师。创立了独立设计工作室，品牌：BEI。由于她的作品中融入了东方元素特有的自然和西方艺术的雕塑感，因此被称为“混血设计师”。2012年诺贝尔文学奖获奖者莫言老师领奖时所穿的那一身黑色燕尾服，就是BEI的作品。

我曾参加过她的一个小型发表会，身着她的设计作品走秀，期间穿了几套衣服，最爱的是一款V领的连身裤，穿上之后就爱得不得了，那时候发现陈蓓真是一个非常有才华的设计师。她所要表达的是，东方女性的含蓄碰上西方女性的性感，巧妙地结合了中国风韵与法式优雅，流露出强烈的女人味和性感的一些细节，同时，大方得体。

我跟她畅聊过设计理想。她说，她想打造的就是这种既现代又独立，不失女人味、性感迷人的女性，她认为：“服装是一个人外在的语言与表达，所谓的好衣服，除了赏心悦目，还要能让人找回真正的自我。”这是BEI的信念，也是她的风格，我能从她设计中体会得到这种风格的张力。

设计师蒋波，意大利归国设计师品牌 OU.BEYOND，始于时装精英主义

品牌创立者蒋波，拿奖拿到手软的设计发烧友，CFIC中国（中国时尚业互联网大会）十佳独立设计师，在东华大学完成服装设计的本科学位之后，经历几年设计工作，成为了某服装公司设计总监，获得第五届“中国杰出设计师培养计划”名额，随即留学意大利，在欧洲设计学院攻读了服装设计专业的硕士学位。

在不同的城市生活，积累下了不同的感受，在时间里慢慢累积，酝酿成醇厚的气质，让人眼前一亮。蒋波不断丰富自己的设计内涵，将这些感受转入自己的创作，基于多年的设计经历及摸索，一个既富有西方时尚精髓又符合中国市场的时装品牌由此定义。2014年，蒋波创立独立品牌OU.BEYOND，品牌创始成员都曾游学欧洲，对西方时尚及文化有着特别的情怀。

OU.BEYOND意为“嫁接与超越”，设计灵感来自时尚之都——意大利米兰，以都市品味女性为灵感缪斯，打造新精致利落形象。在保持女性特质的前提下赋予帅雅质感，去除常规女性化图案，取而代之的是建筑感与未来主义、现实感与极简主义、宽松廓形与装饰主义的蔓延。秉承“实穿、舒适”的理念，强调剪裁的利落与细节的考究，融合手工编织及皮装工艺。以摩登、雅致、独立的女性形象为灵感缪斯，制造置身时装不受束缚的宜人感。

设计，就是把它真正地创造出来，能让每一个穿上服装的人或者设计其他东西的人，能够感受到你的内心，那么你就是一个成功的设计师。

{金语}

1. 设计就是出于你对生活的观察、感悟和发现，从而创造出更能够“make it better”的东西。其实无论是做哪方面的独立品牌，都是要体会你在其中所花的心思。设计就是让生活更美好。

2. 其实在生活中，很多人就是在寻找共鸣，那么你作为独立设计师就要有自己独立的、独特的灵魂并且去展现出来，这时候不考虑多么商业，就是表达自己。

3. 通过 showroom 方式，能够让人可以触摸、品味时装本身的质感、细节的精华，可以让人与时装之间有一种内在的交流，这是 showroom 在欧美乃至国内时尚行业受到追捧的根本原因。

毕慧慧

北京语言大学硕士，加拿大麦克马斯特大学访问学者，现任宾臣国际传媒集团策划总监，担任第七届北京国际电影节电影嘉年华、“致敬经典”电台演唱会等项目总策划。有深厚的广播情节，从大学时期起担任广播电台主持人、国内外大型活动主持人，后转为幕后策划人，同时任经典调频北京 FM969 广播电台策划总监，有丰富的广播节目策划、品牌包装与推广经验。喜爱写作，曾编译出版经典著作《教育漫话》，是一名热爱生活、乐观开朗的 80 后轻熟女。

你也可以当电台女主播

话题

这个话题，很有意思。2016 年是“直播爆发年”，很多女主播不仅仅在封闭的直播间里，用声音来传递情感的温度，更是来到了手机移动端，直接 live show，面对现实存在的众多在线网友。本次课堂——“你也可以当电台女主播”，教会大家的其实是另一种自我成长、发挥潜力的渠道。爱生活、爱自己，才是这个话题的最本心。

大家好，我是毕慧慧。虽然我从本科到硕士所学的专业都与播音、主持毫不相关，但因为热爱广播，所以很幸运地做过几年电台女主播。现在的我已经从台前走到了幕后，从主持转入了幕后策划工作。在互联网思维的影响下，我对热爱的广播行业也有了更深的了解。

个人生活态度

女人要快乐地生活、快乐地工作，这是女人爱自己的方式，也是活出精彩的基础。

曾经，实现女主播的梦想困难重重

如今我们已经处在互联网时代，但是在互联网时代之前，要想成为电台主播还是有一定困难的。想做电台主播必须具备以下条件：第一，你要有相当不错的音质条件；第二，你的普通话发音要非常标准，甚至要达到普通话水平考试的一级甲等；第三，你要考进好的专业院校，经过专业训练之后，在面对为数不多的广播电台，你甚至还要凭一些社会关系或者是一些运气，才能以一名主播的身份坐在直播间的话筒前，用电波传递你的情感。

为什么在互联网时代之前，成为电台女主播会这么困难呢？答案是：平台渠道太少，而成为主播的成本太高，所以“成为女主播”的道路困难重重。不过，现在机遇来了，我们已经大踏步地进入到了互联网时代，主播的大门已经向我们敞开。

什么样的人可以成为电台主播呢？答案是：人人都可以做电台主播，人人都是电台主播。

今天我分享的话题是：互联网下轻松搞定“主播梦”——你也可以当电台女主播。为什么选择这个话题呢？主要基于以下原因：一是因为跟我自身的职业和兴趣有关；二是我知道很多姐妹都有一个“成为电台主播”的梦想或者是情怀，所以想帮助大家实现“主播梦”。同时我也想帮助大家找到更多的生活乐趣，让我们女人的生活变得更加多姿多彩。

现在，实现女主播的梦想 so easy

互联网时代带来了自媒体的产生和发展，相应地，广播也已经以一种自媒体的身份出现在公众的视野中。在互联网时代，广播平台已不再局限于传统的频率信号类传统广播，越来越多的网络广播平台（包括广播自媒体）已经活跃在大众之间，比如我们经常看到的，喜马拉雅 FM、考拉 FM、优听 radio、多米电台、虾米电台、豆瓣 FM 等。

互联网下社交平台的发展，给广播节目提供了更多、更好的发布推广平台，比如除了网络广播自身平台以外，像我们经常使用的微信朋友圈、微博、BBS 等社交平台也成了特别好的推广平台。

互联网的世界是非常丰富多彩的，从受众兴趣角度看，广播的形式、内容也跟着变得越来越丰富多彩。只要内容没有原则性的错误、问题，广播平台对你播送的内容限制会少很多。你可以聊很丰富的东西，无论什么内容，只要是你喜欢的就都可以作为节目内容。比如你可以说一些特别小众的音乐，也可以讲各种玄幻的故事，你甚至可以用方言来发声。只要你喜欢，你都可以在你的广播节目中尝试。

受互联网思维的影响，传统的广播也在改变，它们正向着多元化的方向发展，某些电台甚至为了突出自己频率的类型化特色，而邀请一些草根主播在电台里发声，这也给很多非科班出身的人提供了在传统广播电台当主播的机会。

Part 1
做主播需要什么条件

在“人人都是主播”的时代，我们要做主播需要具备什么条件呢？答案分为“硬件”和“软件”两类。在硬件上你要有录音设备、电脑，甚至简简单单的一部智能手机，只要有这些你就可以通过音频制作轻松搞定节目。

“软件”主要指主播要有内在的东西，特别要求主播要“有心”。软件上的内容包括很多，例如兴趣、想象力、创造力、持之以恒的心态等。那可能有姐妹就要问了，即使我成为女主播了，可是我已经为人之母、过着普通上班族的生活，成为主播对我来说还有什么意义呢？

意义当然有，而且意义还非常丰富。首先，这实现了你的“主播梦”。要知道这个世界上并不是每个人都有梦想，更不是每个人的梦想都会实现，所以实现你的“主播梦”本身就是一件非常棒、非常有成就感的事情。

第二，我们的生活很容易变成“三点一线”、从忙碌到茫然的状态，所以把“做主播”当成自己的一个生活兴趣是一件非常好的事情。就像有些女性会把插花、画画、茶艺、陶艺等作为自己生活享受的乐趣一样，我们也可以把每天在电台中的分享当成自己的一种生活乐趣，让自己的生活变得丰富起来。

第三，我之前提到过网络广播本身就包括很多自媒体的形式，我们都知道可以用文字在微信微博上做自媒体，其实我们也可以发挥广播自媒体的优势，用广播作为自媒体来做一些推广，因为在互联网时代，人人都是品牌、人人都是明星。我们可以通过自媒体广播为自己代言、为自己的品牌发声。

如何做一个有较高收听率的主播?

我们看到，现在成为主播的门槛和成本已经降低了，大家可以很容易地成为主播，但是要做一个有一定收听率的、好的主播却并不是那么简单。这里有一些技巧可以分享给大家。

你必须清楚自己为什么要成为女主播。你的初心和目的是什么？是纯粹的一个兴趣爱好？还是想为自己、为自己的产品做品牌？一定要把这些问题想清楚后，再实施，因为这些都关系到你的主播路能走多远，所以说一定要想清楚。

必须选好定位。节目的内容方向、听众群体的特点、节目的调性风格特点等，这些都关系到节目的特色和收听率的问题。

你在坚持自己节目定位的基础上，一定要有创造力，这能够保证你的节目是有变化的、有可听性的，并且能够吸引听众持续收听。

你要坚持自己的主持风格。比方说是优雅的、中规中矩的、俏皮的、有亲和力的等，这些你都需要考虑。你甚至可以因为普通话说不好而可以采用一种比较有特色的方言主持——方言主持也可以成为你的风格特点。

如果你想要有更多的人听到你的节目，必须知道一些推广的小知识，比方说推广渠道——诸如我之前提到的网络广播自身的平台，另外就是我们平时用得比较多的微信公众号、微信朋友圈、微博，或者是一些论坛、BBS等。另外推广的时间也是有一定技巧的，比方说早上7-8点、晚上9-10点，这两个时间段来发布一些广播信息会有比较好的关注度和收听量。

最后，也是非常关键的一点，就是要有一个“持之以恒”的心态。这一点是非常重要的。如果没有持之以恒的心态，那你可能三天打鱼两天晒网，再遇到一点挫折的话，你的主播梦可能就要半途而废了。所以说，持之以恒的心态还是十分重要的。

给大家推荐几个比较方便、常用的网络广播平台、有特色的广播节目，供大家学习和借鉴。比较便捷的、和广播自媒体平台有关的：荔枝FM和喜马拉雅FM。这是两款APP，使用起来很方便，对于硬件的要求不会太高，甚至只要有一部智能手机就可以了。而且这两款FM APP通过手机就能完成节目的录制和发布，非常方便。

另外，优听radio和考拉FM也是不错的广播自媒体平台，不过这两个平台都需要通过电脑登录网页版完成节目上传和发布，相应地，你也需要另外的工具来制作广播节目（比如用麦克风、电脑软件等）。需要提前录制好节目音频，然后再把音频通过网络终端，上传到优听radio和考拉FM上面。

还有两个平台也是非常不错的广播自媒体平台，就是我们经常用到的微信和微博。这两个渠道可以作为很好的广播自媒体平台。先说微信吧，你可以用身份证自己注册一个微信订阅号，在订阅号后台就有上传音频文件的按钮，选择上传音频文件之后再点击发布就可以了。微博也有上传自制音频的功能，在编辑消息框的位置添加本地音频，把你提前用录音设备、电脑软件设备录制好的音频，上传发布到微博即可。

Part 2
如何制作一档电台节目

我以《听见爱情》这档节目为例，分享一下具体的节目方法。

确定节目定位

《听见爱情》是我们曾经做过的一档七夕特别节目。在做这档特别节目之前，我们首先思考七夕节应该是一个怎样的节日，从而确定节目定位是什么。七夕节是中国的情人节，它应该是充满温暖、爱情洋溢、浪漫热情的节日。所以我们开始锁定两个关键词：爱和浪漫。以这两个关键词为基础，开始去想怎么样能够让大家在听到节目的时候感受到爱和浪漫，从而节目的定位就可以确定了：这是一档有关爱与浪漫的节目，听众对象以年轻人为主，节目的基调是快乐的。

切入节目主题

在定好节目的定位和基调之后，我们就要开始切入主题内容——你做一个什么样的节目内容能够让大家有共鸣，想去听你的节目。在互联网思维的时代中，传统行业也在积极学习和使用互联网思维的成功经验。所以在策划这档栏目内容的时候，我们决定让听众广泛、深度参与进来，让这档节目变成一档听众参与感强烈的节目，让每一位参与的听众可以利用自媒体来为我们做宣传，从而实现让更多人关注节目的目的。通过深入的思考和讨论后，我们决定把这档节目做成“线上—线下”的呈现形式：通过微信公众号向听友发布爱情表白宣言征集的消息，我们从所有参与活动的听友中选出代表，让主播以串场旁白的方式，把听友自己的表白声音做成节目主体，最后呈现出了一档关注度高、特色十足的节目。

给节目起个好名字

节目的名称也很重要，它既关系到是否让人产生收听的兴趣，也关系到是否能表达节目的主旨。在确定七夕节目内容形式后，我们对节目名称进行了认真思考，最后我们确定了《听见爱情》这个名字。这个名字一方面符合节目的定位、主题、特色，另一方面用“听见”来吊听众的胃口，可以增加关注度。

深耕节目文案

另外，节目的文案相当重要，它是一档节目的呈现载体。在确定节目的题目、定位、主旨后，主播说些什么、如何来呈现节目内容，就体现在文案上了。不过，不同的人有不同的主持风格、文字风格，你可以坚持自己的风格，只要保证你的文案条理清晰、层次分明、重点突出、讲清楚你要表达的内容就可以了。

关于旁白的文案有这样几个部分，首先要有话题的引入，可以说一下大概今天讲的话题是什么。一般有两种方式来引入话题，一种是单刀直入，直接说今天的话题是什么；另外一个就是可以用一个小故事、发表一些评论、说一些现象，从而引出今天要说的话题。引入话题以后就要开始说内容了，比如，为什么要选择这样一个话题来分享，这个话题给大家带来什么样的感悟、生活指引等，讲一讲你分享这个话题的意义和目的。就这个话题引申一下，比如就这个话题可以想到什么，这样话题就不会显得特别单一了。不过要注意收尾，不要把话题扯得特别远，还是要围绕主题来说。

别忘了好听的垫乐

一档好的节目离不开好的垫乐。垫乐在选择上一定要完全符合节目的基调。比如，我们在选择《听见爱情》的垫乐时，就以“爱情、浪漫”的音乐为主旋律，音乐情感欢快，才能保证整档节目调性一致，让人听起来很舒服。但是要注意，千万不要选择过于吸引人听力的音乐，如果音乐太过抢耳反而会削弱你所讲的内容，大家关注的反而是垫乐，这就喧宾夺主了。对了，我们在转换新话题时可以用音乐来过渡，这样可以让你的节目听起来更丰富。

关于技术的其他话题

说到编辑软件的话，有两款用得比较多：Adobe Audition和Cool Edit。这两款都可以用来编辑音频，但是这两款软件比较专业，我建议大家还是用我刚才提到的荔枝FM和喜马拉雅FM这两款手机APP就好了。荔枝FM和喜马拉雅FM都有“分享”这个选项，当你点击它的时候就可以把自己的节目分享到朋友圈里去了。

专业的技术贴在网上还是比较多的，可以在网络上搜索。

Part 3 如何推广自己的电台栏目

要让自己的节目做得有特色、做得有可听性；把你的节目推广给公众人物，去给他们听，通过他们帮你把粉丝群建立起来，如果你本身有很多微信朋友的话，在你自己的微信圈里推广也是很不错的方法。我刚才提到了微博——其实微博是一个很开放的平台，有很多关注者，你可以在微博上建立起自己的自媒体平台以及品牌，然后把自己的节目在微博上推广。

另外，无论你怎么推广，除了保持你节目有可听性以外，一定要在固定的时段去推广。因为每个人都会有这样一个习惯：只有当你固定地出现在公众的视野中时，人们才会对你产生一种依赖性和一种习惯感。慢慢地，当你的节目对别人产生依赖性影响的时候，你就已经成功地迈出了第一步。

{金语}

1. 想当女主播非常关键的一点，是要有一个“持之以恒”的心态。如果没有持之以恒的心态，那你可能三天打鱼两天晒网，再遇到一点挫折的话，你的主播梦可能就要半途而废了。
2. 你在坚持自己节目定位的基础上，一定要有创造力，才能够保证你的节目是有变化的、有可听性的，并且能够吸引听众持续收听。

杜晓磊

IMS 新媒体商业集团高级执行。曾任某汽车后市场电子商务公司市场运营，近十年汽车市场从业背景，汽车 + 互联网行业的实践、参与者；始终坚持独立而不盲从的心态，踏实工作及生活着。

关于“二手车”，你无法忽略的那些事儿

话题

这个话题，非常实用。对于女性来说，绝大多数女性对“车”无感。多年来，舆论对女司机的评价也近乎妖魔化。我们讨论这个话题，不是告诉大家一定要买“二手车”，而是提醒女性朋友，如果你选择购买“二手车”，请扫清这个知识盲区，不要上当受骗。因为这个行业，水太深，需要专业的指路人。

大家好，我是杜晓磊。在汽车媒体行业工作了近十年，2014 年转行至汽车后市场，目前在互联网技术公司做品牌运营。此前曾有 3 年从事汽车后市场方面工作，其中的业务就包括二手车相关内容。当时，公司组建了线下门店及相关技师团队，因此我也和很多车辆技师有过这个话题的交流。

说起二手车来，但凡是个车主都多多少少能摆出一些道道来。虽说个人看法不一，但关注的角度和具体内容大致都相差无几。今天我以“二手车不能忽略的事儿”为主题，来与大家共同分享。作为一个曾历经两年时间的业内参与者而言，我更多的是想和大家聊聊，生活中相关二手车交易的各类真实故事，希望能有类似情况恰好与姐妹中的情况相吻合，也可代入描述中，感觉一下，体验一回。

Part 1
选购“二手车”的理由

首先，我们数数购买二手车的便利因素有哪些吧。第一，它可以省去10%的购置税。买新车交税大家都是知道的，若买了新车立刻转手的话，这钱就是白扔了。买二手车，自然而然省下了这笔购置税款。

其次，现在有很多汽车厂商都实施了“同品牌购车，旧车可补差价置换新车”销售政策，倘若正好手里有旧车的话，也可以拿去直接置换心仪的新车，并可享受数千元补贴。不过，有些购车交易是需要通过中间商才能完成。

如果购买倒手不止一次的二手车的话，其折旧率会更高。这里关于车辆的折旧率问题，我也曾和一些业内伙伴有过了解。他们认为：“你前脚提车转头就卖的话，也要折价10%，就算车况保持较好，第一年的折旧率也在15%，第二年至第五年之间，递减到5%~8%。而二手车的折旧率就比较低了，如果你直接购入的是二手车的话，相比新车的折旧率绝对会让买家能占到实际的便宜。”

“准新车”的解释

二手车交易当中，有一种车型被称为“准新车”，倘若看好的二手车为准新车时，则可以享受只需缴纳原购置税款10%的税费及购车价格的8折优惠。

这里，给大家解释下什么是“准新车”。已进入市场交易、使用时间较短、车况良好的，被称之为“准新车”。准新车享受落地8折优惠，而且准新车出库不是很久，并且尚在保质期内。不仅车款可以优惠，购置税同样能够顺理成章地省下来，这两笔钱加起来，绝对是真金白银。

除了“准新车”之外，还有“次新车”，也就是那些使用时间较短、但已经进入市场交易的车辆。由于这类二手车车况与新车没有多少差异，并且有些车辆还处在原车质保期内，使很多消费者打消了购买二手车的顾虑。在某些市场，准新车交易量已经占到3至4成的比例。

用相对较低廉的价格，可以购买到自己心仪的二手车。为什么说叫“心仪”的呢？就是大家一般看好的车型都比较贵，如果它折为二手车的话，中间折的费用是相当可观的。相对于新车来说，买二手车同样的价格区间，可选择的车型范围会更多。所能购买的车型往往提高了1至2个级别，同样的花费，买的车型更高级更舒适。所以，在我看来，买二手车的性价比真的很实惠。

其实，对于绝大部分30岁左右的人来说，汽车的意义，早已不仅仅限于“代步工具”了，更多的时候，汽车在生意场中扮演了重要的角色，一辆高档汽车往往是个人经济实力的体现。而对于那些处于事业起步阶段的朋友，动辄二三十万的高档车，往往难以承受。这个时候，购买一辆中高档的二手车，就成了一个绝佳的选择。花了很少的钱，购买一辆高档二手车，既节省了资金，在日后的商业往来中也能协助提供更多更好的机会。

从养护方面来说，二手车也有不少便利。因为二手车一般都不是当年的新款，在配件售后服务上往往不会让大家难以选择。在维修的技术方面不存在什么适应期、熟练期的问题。如果要买新车的话，一旦出现故障，在维修方面往往会有一些麻烦，因为好多维修工技能提高的速度还没有这款新车的上架速度快。而在零配件的购买上，更是如此。如果是买二手车的话，这些问题都不会为难大家了。

国内关于二手车有一些利好政策。目前国内的政策整体来说，更多是促进二手车业务。从政策上，二手车企业、二手车电商等，比较迎合二手车需求。

Part 2
如何挑选“二手车”

大体来说，二手车的挑选标准，基本要遵循八大选购准则，就基本情况而言，二手车由于年份较新车年长，零件机械老化、松动等都是无可避免。所以不能存有“过于严苛”的心态，而应以预算的多少来评量价值。当然了，原车的售价或年份(同款不同出产时间)、该车的里程、其市场的需求冷热度或其他附购的额外配备等，都是影响二手车身价的因素，也就是所谓的“市场行情价”。

挑车准则一：行情价可作为估算的参考，但也得视实际的车况而定。

上述所谓的行情价，其实有脉络可循，但基于大约的估算值。以一部新车来算，挂牌后一年以内大约折到7折左右，两年内再以折过价基础上再给个8折，到了第三年再折个8.5折，往后就视车况而定(因为车况是随着驾驶者的用车习惯、保养观念等而变化)。

值得一提的是，上述所定的估算价只可供参考，千万不能依葫芦画瓢将所有车款用此方式去折价。因为市场的行情价除了车况外，该车的热门度、此车是否已停产、维修便利性、零件售价等都是攸关行情价的因素。

挑车准则二：选购时别一味着重车身外观，有无事故才更是应该当心。

当对市场行情价有了大致的认知后，咱们来对车身外观做番评量。可别以为车身外观只是看看外表而已，其实它是查看是否为事故车的首要步骤。这里讲的“事故车”，并不是一般发生的小擦撞小剐蹭，而是严重伤及大梁、引擎等重要部位的“事故车”。

当查看时其实可从车头、车门、后行李箱等处查起。在观察车头时，以引擎盖板为主体，除了需仔细查看与叶子板的密合度或盖板与左右叶子板留有的缝隙来判断，是否一致(不要有大小不一的情形)，还要引擎盖板与头灯是否平整地切齐，引擎盖与挡风玻璃之间的间隙是否一致或留有原车的胶漆，都是检查的重点。

挑车准则三：引擎室的检定需要注意的是，是否有点焊痕迹。

引擎室内的检定是重点中的重点，当您打开引擎盖时，先检查一下引擎盖板内侧，如果有烤过漆的痕迹，表示这片盖板碰撞过的概率不低。因为一般人不会闲来无事在这个地方乱烤漆，原因是它不具有美观的价值。

然后再从引擎室上方横梁(亦是水箱罩上方工字梁)、引擎本体下方的两条纵梁或俗称“内归”的引擎室两内侧副梁等处查看，这些地方如无意外都应留有圆形点焊的痕迹。若有失圆或大小不一的点焊形状，都有可能是遭受过撞击的。而每块钢板的连

接处也都是检视的重点，防水胶条是否平顺，都可以作为判断此车有无大的撞击的依据。

挑车准则四：开车门是否顺畅、行李厢开合有无异音。

从车门框、B柱来观察其是否呈现为一直线等，都可作为该车无大问题的依据。再则，在未打开车门时，可先看看车门接缝处是否平整，如果接合的密合度自然平整，也可作为该车无大问题依据之一。

还可以将车门打开，来详查A、B、C柱，也就是观看车门框是否呈同一水平线。如果不平整有类似波浪（俗称橘子皮）的情形，表示此车有过钣金，可将黑色的水胶条剥开一点来看其是否平整，车门附近是否留有原车接合时的铆钉痕迹。留有痕迹的话表示此车为原厂车，没有的话表示此车烤过漆。

行李厢开口处左右两边的钣金件或与后保的接合处，查看时先翻开行李厢下的地毯，检视该处有无烧焊过的痕迹，虽然现在的钣金技术已经非常进步，但只要细心端倪必可查出蛛丝马迹。但要提醒的是，只要不是严重的事故车，千万不可有太过严苛的要求。

挑车准则五：水、油、气也应一并检查评断车况首重引擎之运转。

查看完静态车体的结构后，紧接着咱们就所谓的车况来探讨。在未启动引擎时，建议先看引擎室的水箱水，看水量是否足够、有无水锈或漏水的情形发生，再者可以用机油尺来检查机油量是否足够(应在引擎发动前或引擎停止后五分钟以上)，机油是否干净、有无水气的情形。

机油不干净事小(色泽呈现混浊，严重时呈现有杂质的情形)，如果含有水气那可就严重了，这种引擎吃水的情形，会让水、机油混合而呈现白色的色泽，对引擎的伤害非常大。如果有这般的情形，建议您还是少碰为妙，有可能是淹过水的车。

接着就是所谓的检视车况，在发动时看是否平顺好发动，然后再将它排入前进(D)挡，看抖动是否会过于剧烈（有的话可能是怠速过低、引擎支架不稳固、四缸中的一缸未作动等），再者就是打开冷气试试空调，顺便检视打开空调之后车身抖动的情形。

若在未开冷气时就有抖动情形时，开了冷气一定会抖动得更加剧烈，若只是轻微抖动，相信是在所难免。因为这种情形在新车都有可能发生，何况是二手车呢？假使开了冷气有吱吱响声，可能是压缩机有状况，而且这个状况是比较麻烦的。

挑车准则六：观察行路时各机件的协调性，这时候就着重注意车辆底盘的问题。

检视动态测试完毕后，接着就是分析此车的行路状况，如开动时的各部位是否会有哩哩啦啦的声响，遇到坑洞该车的回弹反应，过弯转向时转向拉的反应等，都是需要注意的。

可以的话，建议在试开时，不妨找位好朋友尾随其后，看看此车在行路时，是否有蛇行、摇摆不定的情形。

一般选购二手车所常忽视的地方——那就是“底盘”，也因为它不方便查看，消费者常嫌麻烦而不去理会，而让自己的权益平白丧失。说到底盘，它的重要性好比人的骨架，任何的损伤都有可能让一部车的寿命提早结束，不可忽视！

所以，在检查车子的时候，一定要把车子升起来，让技师细细地把把脉。最重要的是，如果底盘遭受到了损伤，第一不容易更换，第二不容易修复。底盘的重要性，大家千万不要忽视。而且底盘对车架构的张力、抗力都有较大的影响。

这里特别要提醒的就是，底盘里的“大梁”是需要大家特别注意的。因为大梁如果受过损的话，不仅仅是降低汽车的安全性，还代表着你需要花很多钱去修复，而且也不容易有好的效果。

这时候顺带地检视各环节处的情形，看看螺丝有无松动，各接头有无漏油的情形发生，若没能将车架起来的话，是很难发现这些情况的。对了，在试车来查看底盘有无异响时，千万不要开音响，同时尽量紧闭车窗，可免受音乐及风切声对底盘声音的判断。

挑车准则七：车内装饰可判断原车主驾驶习惯，车室底板可以检查该车是否泡过水，将车室内的地毯翻开，从这里检视此车是否为“泡水车”，因为雨水常会顺着防水胶条而渗入车室底板，如果是漏过水，这里是最容易露出破绽的。比如说，它的防水胶条的密合度不佳，都有形成泡水车的可能。

挑车准则八：内装方面来看，座椅调整钮的部位可以检查出曾有多少人开过这辆车。以常理来说，不同的车主驾驶同一部车，由于体态不同，所以造成前后移动的几率比较高，从调整钮的滑轨使用的痕迹来判定这个车子是很多人来开，还是只有一个人开，这时候车辆的折损肯定是不一样的。

常规二手车的软性检查有以下几点，这里我以个人建议作为提醒。

首先，买二手车最好买不超过4年车龄的车。

目前二手车市场上，经常出现一年甚至几个月的车辆，这类二手车，车况上基本没问题，且购买之后还可以继续享受厂家的质保期。2至3年的二手车价格比新车有明显差异，车辆已度过了磨合期，正处于好用时期。只要原车主按时进行常规保养，基本上没问题，但做一些检测还是必要的。建议最好购买有保养记录的，可以根据原车主保养车辆的规律继续维护，能有效地保持车辆使用性能。

4至8年的二手车价格非常便宜，特别是一些原价30万元以上的中高档车，有些甚至不到10万就可买到。虽然在外观、配置上不再符合时尚追求，但其中不乏一些性能不逊于新车的车辆。对于这类二手车，定期检查和保养就更为重要了。8年以上的二手车虽然价格很便宜，但建议慎重选购。因此类二手车基本上不是“二手”，有的甚至“五手”“六手”，从养护的角度看是很不划算的。

其次，在里程上最好是不要超过15万公里。

汽车的使用寿命是由使用时间和行驶里程决定的。一般小轿车在行驶15万~20万公里以后，车辆的技术性能明显降低，修理费用增加。二手车的行驶里程一般可以从里程表直接读出，部分进口汽车的里程是以英里计算的，查找时应注意。有的二手车里程表更换或出现故障，这时只能根据汽车的使用时间和车主的用车频率进行估算，也可以通过观察轮胎的磨损程度进行估算。当然估算与实际会有差距，因此只能作为参考。汽车的行驶里程越少，储备的里程越大。

还有，在选购二手车的时候，千万不要选到那些被狠狠“造过”的车。也就是说，这些车使用得特别特别地狠。举例来说，比如计程车或参加过比赛的车子。单单从车子的购买时间来看，很难判断车子的损伤程度，而且经过一些特殊处理，更是很难发现。不过用得太狠的车，比如在竞技场中激烈地驾驶过，或者长期过度载重，走走停停概率较高的这种车，就需要注意了。

使用太狠的车，容易存在很多“内伤”，什么时候发作很难预知。以竞技用车来说，由于加装了防滚架，车室都会留有安装打洞的痕迹。而计程车除了可从引擎里程判断外，后排乘客座椅的弹力、后座使用的烟灰缸、后座车门拉柄、后车门开启顺畅度等，都可作为参考的依据。

最后，上路测试不可忽视，这是检查前后“四角”、车漆以及底盘必要程序。

曾有业内专家建议说，路试主要目的是了解二手车的操控性、稳定性、制动性能、离合器以及动力也就是发动机的性能，只有车辆上路才可以判断。

路试需要注意四点：首先是起步，检查离合器结合是否平稳，分离是否彻底，离合是否发抖、发响；其次是变速器，从起步到逐步加挡，再由高速减挡至低速，看变速器换挡是否灵活，有无乱挡、跳挡、夹排等，是否有异响声音；再次要将车辆由原地起步加速至60km/h左右，感觉一下有没有震动，如果有，则可能前悬架或车轮有问题，或者传动轴有问题；最后，路试的时候在40km/h时猛然抬起加速踏板，然后再猛然加油，听一下减速器是否有特大声响，有则说明减速器磨损严重。

以上内容，都是根据技师们在日常工作中的总结记录而得来。如果大家有相关具体或特殊问题，也不妨来找我，一起有针对性地聊聊。

Part 3
购买“二手车”后，需要注意哪些问题

购买了二手车之后，有些问题也是需要注意的。一般来说，车辆保养是排首位的，即所谓“买得起车，养不起车”。的确，有些时候，买车的价格远远低于常规的养车费用，买车没有让生活更便捷，反而成为了一种负担。

养车中，首要关键就是如何省油。二手车比新车费油，这是肯定的。良好的驾驶习惯，是省油的第一个条件；第二就是车辆保养，一般进行一次车辆二级保养即“大保养”，包括更换三滤、机油、方向盘润滑油、自动波箱油、刹车油、冷却油等，还要超声波清洗喷油嘴、给车辆关节部位补给些黄油，尽可能地把车辆恢复到最佳运行状态。

还有，车子的轮胎，让二手车更省油和轮胎气压也有一定关系。购买后，一定要注意检查下轮胎气压，如果轮胎磨损特别严重，也会出现车辆打滑、侧滑情况，这时也增加油耗量。所以，更换轮胎很有必要。

最后，包括其他一些小问题，如清空后备厢。很多车主，尤其是女车主都习惯把很多常用物品放在后备箱。其实这给引擎也带来了额外负担。有数据证明，车辆负重每增加100斤，油耗就提高4.4%。

还有，加油不要盲目追求高标号。其实车子和人是一样的，营养均衡比大鱼大肉要好得多。现在市场上不同标号的汽油挺多的，要选择合适车辆标准的汽油标号是最好的，并非高标号的油对车子才好。

另外，就是车辆高速行驶的时候，一定不要打开车窗。这是大家容易忽视的小问

题。低速驾驶时，关上空调是可以省油的；但在高速路上，则尽可能关窗开空调。因为这时开车窗，所增加的空气阻力犹如降落伞一样会降低车速，可要比开空调耗油得多。

通常购买二手车，开几年之后多数车主会将其转手。那我们怎样才能把二手车更好地卖出去呢？

首先，要掌握一个合适时机很重要。一般卖二手车之前，最好对内饰和油漆进行一下清洗，不然直接拿去卖，很可能会成为买主或待买主踩价的理由。其实自己略微清洗一下，也就百十来块钱，否则损失可能会是几千块。还有卖车最好在年前出手，一般人在年前更容易产生成交，而且相对来说，价格也有保障。

另外，特殊天气也是容易卖出。比如说，夏天气温较高的时候，挤公交地铁的折磨更容易让人妥协购车。这时出售者切记要把空调调整到最好状态，因为这时大家对空调的要求会很高。

需要注意，在一些规费到期前还有一段距离时出手，不要等到大部分规费快到期了才卖，这时候极易被买主压价。最好是在还距三四个月的时候售卖，这时候买方和卖方都能节省出一笔费用，也就很容易愉快地交易了。

希望大家都能如愿以偿，买到称心如意的爱车。

图书在版编目（CIP）数据

提升你的幸福力 / 韦艳宜等著 . — 北京 : 电子工业出版社 , 2017.10

ISBN 978-7-121-32256-3

Ⅰ . ①提… Ⅱ . ①韦… Ⅲ . ①社会科学－文集 Ⅳ . ① C53

中国版本图书馆 CIP 数据核字（2017）第 171238 号

责任编辑：周　林

特约编辑：徐学锋

整体设计：周周设计局

印　　刷：中国电影出版社印刷厂

装　　订：中国电影出版社印刷厂

出版发行：电子工业出版社

北京市海淀区万寿路 173 信箱　　邮编：100036

开　　本：720×1000　1/16　印张：16　字数：333 千字

版　　次：2017 年 10 月第 1 版

印　　次：2017 年 10 月第 1 次印刷

定　　价：49.80 元

凡所购买电子工业出版社图书有缺损问题，请向购买书店调换。若书店售缺，请与本社发行部联系，联系及邮购电话：（010）88254888，88258888。

质量投诉请发邮件至 zlts@phei.com.cn，盗版侵权举报请发邮件至 dbqq@phei.com.cn。

本书咨询方式：zhoulin@phei.com.cn。